TODAS AS COISAS VISÍVEIS E INVISÍVEIS

Marcia Peltier

TODAS AS COISAS VISÍVEIS E INVISÍVEIS

Casa da Palavra

Copyright © 2014 Marcia Peltier
Copyright © 2014 Casa da Palavra
Todos os direitos reservados e protegidos pela Lei 9.610, de 19.2.1998.
É proibida a reprodução total ou parcial sem a expressa anuência da editora.

Este livro foi revisado segundo o Novo Acordo Ortográfico da Língua Portuguesa.

Copidesque
Beatriz de Freitas

Revisão
Bruno Fiuza

Projeto gráfico de capa e miolo
Rico Bacellar

Imagem de capa
Escultura de São Miguel Arcanjo – Hildebrando Lima

Diagramação
Abreu's System

CIP-BRASIL. CATALOGAÇÃO-NA-FONTE
SINDICATO NACIONAL DOS EDITORES DE LIVROS, RJ

P449t
    Peltier, Marcia.
        Todas as coisas visíveis e invisíveis / Marcia Peltier. – 1. ed. – Rio de Janeiro : Casa da Palavra, 2014.
        176 p. ; 21 cm.

        ISBN 978-85-7734-462-8

        1. Crônica brasileira. 2. Memórias. I. Título.

14-10236   CDD: 869.98
                                                                     CDU: 821.134.3(81)-8

CASA DA PALAVRA PRODUÇÃO EDITORIAL
Av. Calógeras, 6, 1001 – Rio de Janeiro – RJ – 20030-070
21.2222 3167 21.2224 7461
divulga@casadapalavra.com.br
www.casadapalavra.com.br

*Dedico este livro às mulheres da minha família.
Às que há muito se foram e às que estão presentes.
E agradeço às minhas queridas filhas
Anna Rita, Anna Clara e Anna Rosa pela oportunidade
de crescer junto com elas.*

Se você está deprimido, está vivendo no passado.

Se você está ansioso, está vivendo no futuro.

Se você está em paz, está vivendo no presente.

Lao Tzu

Sumário

Prefácio 11
Introdução 15
Apenas uma voz 19
Inquietude 21
Coisa de mulher 24
Um toco 31
Desigual 32
Roupa velha 34
Formiguinhas virtuais 38
A colheita 41
Síndrome do ninho vazio 44
Filhas únicas 49
Tesouros 51
Pássaro ferido 55
Miná 56
Passagem 59
Ancestralidade 61
Vento 65
Cálice de sangue 66
Chuva dourada 71
Grão de areia 77
O Taiti é aqui 78
Vida no estômago 81
Mente briguenta 83
As rosas do Dalai Lama 84
Luz incômoda 89
Yogananda 90

A árvore mãe 95
Bravuras.. 101
Em benefício dos seres 102
Um dia seco.. 105
Onde encontrar o poder da entrega?............................. 106
Um ninho no caminho 108
Música para curar feridas 110
Caudalosa.. 113
A tarefa do tempo 115
Unicórnios 116
Enigmas... 121
Dragões..122
Sem ressalvas..125
São Miguel..127
O Ponto de Eternidade.. 131
Verão em Roma.. 133
Insônia 135
Um sinal 136
São Francisco 140
As batatas 147
Amor Fati.. 148
Maria Madalena 151
Espelho 161
Músicas de recolhimento e cura..................................... 162
Leituras que confortam 165
Carta aos leitores..171
Agradecimentos especiais 173

Prefácio

Eis aqui um livro surpreendente e corajoso: uma mulher que sente e escreve como mulher, entregando tudo dela – o seu visível e o seu invisível.

Há o visível, que é constituído pelo mundo do cotidiano, da casa, da família, da educação de filhos e filhas e das relações sociais. Mas há ainda um visível interiorizado que são os processos nas diferentes fases da vida, pelas quais a pessoa, no caso, a mulher, vai construindo sua identidade. Esse é o drama da vida. Não se trata de uma tragédia, são percursos complexos, que incluem angústias existenciais, medos difusos, obscuridades sobre o rumo a se tomar na vida e a lenta porém persistente constatação da usura irrefreável do tempo, que se manifesta nas mudanças no corpo da mulher, no seu humor, na acolhida serena e humilde do desgaste natural das energias.

Simultaneamente assomam processos de celebração de conquistas, a alegria de colher os bons frutos de todo um empenho, a persistência em buscar o melhor caminho, a resistência às facilidades que logo se mostram enganosas e sem sustentação.

Esta é a parte visível da vida, contada com absoluta sinceridade, como num livro aberto cujas páginas podem, uma a uma, ser folheadas e dar-se conta de que a autora não usa segundas intenções nem subterfúgios de linguagem. É transparente como água cristalina da fonte atrás da casa.

Mas a parte mais instigante é o lado invisível. O importante não são tanto as coisas que acontecem na vida, seja exterior, seja interior, e sim como elas são vividas, interpretadas e trabalhadas. Que impactos e modificações elas produzem na pessoa? Aqui não vigoram esquemas, nem nos ajuda muito um saber de ciência. O que conta é a criatividade, a construção de sentidos de vida, a descoberta surpreendente de como as coisas vão se encaixando e cerzindo um bordado colorido e carregado de significações secretas.

Para deixar vir à luz o lado invisível, precisa-se de espiritualidade. Esta não é monopólio das religiões. É uma atitude das profundezas do humano que torna a pessoa sensível aos significados escondidos nas malhas do real e ao caminho que o Mistério vai construindo com a pessoa. Isso exige capacidade de observação, valorização de cada gesto, de cada sonho, de cada coincidência de fatos e palavras e especialmente a escuta do outro, que irrompe inesperadamente em sua vida. Nisso, a autora revela uma fina espiritualidade de cariz bem feminino. Aqui não há nada de pietismo nem esoterismo. Mas de espiritualidade como a percepção do lado invisível da vida.

Esse caminho, não são todos que percorrem. Antes o temem e o evitam. Mas os que o assumem, como fez a autora, com destemor e despojamento de todas as vaidades, principalmente com a mente e o coração puros, recebem o melhor dom que o universo nos pode dar: a liberdade interior, a leveza da vida, a celebração do fato de existir neste mundo assim como é.

Há um fio condutor que confere unidade a esta narrativa autobiográfica: a vontade de melhorar, de crescer rumo à luz, de alimentar a resiliência, vale dizer, a criatividade de aprender com os erros e os equívocos, saber dar a volta por cima e sair mais amadurecida. A ela cabe o belo verso de Cora Coralina: "Eu sou aquela mulher que fez a escalada da montanha da vida, removendo pedras e plantando flores."

O livro mostra uma mulher sempre às voltas com buscas de novos caminhos, mas também acompanhada de dúvidas, incertezas e luzes benfazejas. No entanto, sempre confia e espera. E se entrega sem reservas. Talvez a página mais espiritual e, por isso, mais brilhante do livro seja esta: "Onde encontrar o poder da entrega." A entrega incondicional é como a morte. Mas quem ousou dar esse passo encontra uma ressurreição e uma plenitude de vida que só quem fez esta experiência pode testemunhar.

Este livro desafia os leitores e as leitoras a assumirem a totalidade de suas vidas, totalidade composta do visível e do invisível. Reconciliar essas dimensões e fazer com elas uma síntese criativa, esse é o desafio da vida. Estimo que Marcia Peltier nos dá o exemplo convincente de que isso está dentro das possibilidades de nossa curta e cansada passagem por este pequeno e gracioso mundo. O prêmio é ser singelamente feliz.

Leonardo Boff

Introdução

Estes textos têm sido meus amigos íntimos ou inimigos silenciosos; quem vai poder dizer...

Eles ficaram adormecidos em meu computador à espera de um momento que nem eu mesma sabia qual seria.

Dispersos, eles não compunham uma história, um conjunto de crônicas ou mesmo poemas em torno de um tema.

Eles simplesmente foram sendo depositados ao léu. O meu léu existencial.

Na verdade, ao relê-los, compreendi que eles contam uma história real que foi acontecendo durante anos dentro de mim, sem eu perceber.

Memórias e sentimentos construídos em um diálogo interno quando fiz a opção de me integrar a uma busca maior, de me sentir mais plena como pessoa.

Ao mesmo tempo, tive que fazer decisões profissionais e pessoais complicadas e profundas, que me tomaram por completo.

Durante anos tentei não sucumbir aos mais diversos e conflitantes sentimentos e situações: raiva, frustração e intrigas.

Também pude vivenciar a solidariedade e a amizade, sentimentos generosos daqueles amigos queridos e fiéis que sempre estiveram ao meu lado.

Foi um longo mergulho que me exigiu refluxos, labirintites e insônias.

Fui envolvida nesse turbilhão, mas também caminhei com minhas próprias pernas para esse embate e, como não poderia deixar de ser, me enrolei em muitas angústias, dúvidas e, claro, muitos medos.

Foi muito difícil, mas não me arrependo de nenhum dia nem de nada.

Mudei meus projetos profissionais, vivi acontecimentos marcantes, rodei o mundo, casei duas filhas e agora sou avó!

Mas o que ficou de tudo isso, lá dentro de mim?

Por anos me senti bloqueada, sem condições de escrever... Mas eu estava enganada.

Eu tinha escrito, sim, a minha história.

Eram textos e fragmentos que estavam dispersos e que agora estão juntos aqui neste livro.

E ao reencontrá-los, ou melhor, ao fazer as pazes comigo mesma, comecei a escrever de novo.

Trabalhei minha mente para não sucumbir ao estresse, aos desafios e às dores.

Eu me curei com a alegria, a aceitação e a compaixão.

Sobrevivi como pude às perplexidades que me afetaram a saúde e o espírito.

Na verdade, agora sei que eu simplesmente era uma mulher que queria fazer o melhor – em casa e no trabalho – como companheira, mãe, filha e irmã, mas que não tinha nenhum roteiro pronto, nem mesmo uma idealização de si mesma.

Mas, com o tempo, descobri que lá no fundo eu tinha uma certeza que me levava adiante.

Eu tinha o meu projeto.

E ele era ser a melhor versão de mim mesma.

Só que nem eu mesma tinha consciência disso.

Rio de Janeiro, 5 de setembro de 2013

Apenas uma voz

Depois de experimentar o deserto por tanto tempo, mesmo que esparsamente eu estivesse escrevendo – e esquecendo o que escrevia –, voltei a sentir o quanto amo este ofício.

A magia de teclar palavras que brotam quase sem pensar.

Mas não me engano.

Passei anos ruminando todas elas dentro de mim...

Alguns escritores se debatem com essa dor que para muitos pode ser algo quase tão abstrato quanto a aura humana.

Só quem tem essa relação com as palavras sabe bem o que significa se encontrar na sua escrita.

É como se um computador acessasse a sua memória emocional e tudo de repente estivesse claro. Ah, bom, eu sou assim... Este sou eu...

É mais que um encontro ou um momento de prazer solitário. É um caso de amor.

Foi o que senti quando subi correndo as escadas de casa para chegar ao meu escritório e escrever, depois de tanto tempo, nesta nova fase de minha vida.

O coração pulsando, com a respiração arfante e todas as dúvidas de quem vai para um primeiro encontro às escuras.

Será que vou gostar? Será que ele vai gostar? Será que vou me entregar?

Acho que ser criativa faz toda a diferença na vida.

Você pode ser criativa em qualquer trabalho.

Pode sentir esse tesão existencial construindo um prédio, fechando um contrato, fazendo uma degustação culinária, porque este é o seu mundo, onde você encontra o seu prazer, onde se reconhece e se descobre em toda a sua potencialidade.

Ninguém precisa ser artista ou atleta de ponta para sentir isso. Basta fazer o que diz aquela voz mansa e persistente que vem do seu infinito interior.

E mesmo que seja muito baixinho, siga em frente.

Já é um caminho.

Inquietude

A melhor versão de mim mesma...

Como assim?! Como ser algo que você nem mesmo sabe o que seria?!

Acho que devemos começar catando os caquinhos, aquelas miudezas do espírito que muitas vezes fingimos não ver.

E também as piores partes de nós mesmas, as médias e as melhores, por que não?

Devemos prestar muita atenção às pequenas mazelas que nos condenamos a penar todos os dias.

A irritação por não controlarmos o tempo, o peso e a autoestima, por exemplo.

Nós, mulheres, somos seres controladores por natureza.

Queremos todo mundo bonito, sorridente e perfeito.

E não somos assim. A vida nunca é assim.

Eu me lembro de quando percebi pela primeira vez que era uma refém sequestrada pelos ponteiros do relógio.

Eu me revoltei pelo dia ter apenas 24 horas. Precisava de mais, muito mais...

Vivia correndo de um lado para o outro, tentando fazer mil coisas ao mesmo tempo e, sem perceber, fui me despedaçando em infinitos compromissos de trabalho...

Nesse tempo, minha agenda social era quase um fracasso.

Nunca consegui sair para jogar conversa fora com as amigas... Sabe aquele papozinho gostoso, de ir almoçar e demorar a tarde tooooda falando sobre o nada, que para muita gente é tudo mesmo: a moda, os produtos de beleza, as dietas, os filhos...?

E como essa cumplicidade feminina é importante!

Mas eu nem me dava conta disso, achava que trabalhar era a minha vida.

E ainda acho, só que agora uso de mais parcimônia e agradeço à vida por me dar essa chance!

Por muitos anos minha rotina era trabalhar, trabalhar e cuidar das minhas filhas.

Precisava criar minha carreira, criar minha identidade, criar minha independência financeira; foi bem duro...

O tempo foi passando, minha vida foi mudando, me separei, casei de novo e continuei acumulando funções.

Quando dei por mim, eu era a função em pessoa.

Mas, lá no fundo, minha alma me chamava para prestar contas de minha individualidade, de minha espiritualidade, de minha paixão pela vida.

Escrevi alguns livros que pontuaram momentos de transformação.

Mas a vida foi acontecendo com tamanha intensidade que fui me afastando dessa praia... Das palavras ditas em segredo ao travesseiro e que se traduzem em escritas quase sagradas para despertar quem somos.

Palavras que são diálogos internos, que nos testam e nos fazem querer ser melhores apesar de todas as nossas falhas e imperfeições.

Precisei fazer uma reconciliação entre as palavras e a minha mente.

Entre elas e eu.

Na verdade, precisei aprender de novo a somar com elas e a ser um "nós".

Tenho que deixar claro que ainda me encontrava com "elas" nas páginas dos jornais, em notas da minha coluna, mas elas foram ficando mais formais, mais cerimoniosas, mais racionais...

Sempre generosas, fossem ditadas pela mente ou pelo coração, as palavras continuaram a me ensinar que eu tinha um ofício e uma meta.

Acontecesse o que acontecesse, nelas eu teria um porto, um acolhimento.

Escrever diariamente me dava a certeza de que me aproximava cada vez mais das palavras, e que, um dia, eu estaria de volta a dançar amorosamente com elas...

E que, novamente, eu me entregaria a esse feitiço e começaria a voar.

Coisa de mulher

Venho tentando me manter à tona, mas tem vezes que a maré parece querer me levar...

Hoje, em conversa com uma massagista sacrocraniana, pude ver que eu não estava tão sozinha assim em meus quase afogamentos existenciais.

"A mulher sempre sente alguma dor. É por isso que meu amigo médico cardiologista me disse que, quando as mulheres chegam ao seu consultório, elas estão realmente mal, pois sentem tantas dores o tempo todo que sabem reconhecer a dor do coração, que é bem distinta das outras", me confidenciou a terapeuta enquanto estalava as tensões em minha perna.

A verdade é que a minha visita ali havia tirado vários pesos de cima de mim.

O corpo parecia flutuar depois da massagem, e a mente, ah! A mente... bem, ela estava mais leve.

Ouvir uma terapeuta falar da nossa identidade feminina com tamanha cumplicidade foi fundamental para elevar o meu astral. Nós, mulheres, nascemos para aguentar todas as dores. As da alma e as do corpo.

"Estamos sempre com alguma coisa doendo ou incomodando. E, com o passar do tempo, só piora", concluiu minha confidente massagista, para meu alívio e... tormento.

"Você também usa a plaquinha na boca para dormir?", ela me perguntou.

Dei uma gargalhada. "Claro", respondi, e fui logo perguntando: "Você também?"

"Olha", ela começou, agora estalando o meu rosto e me deixando em estado alfa com tamanho relaxamento. "Posso dizer que quase noventa por cento das mulheres precisam usar plaquinha. Todo mundo está rangendo ou trincando os dentes à noite; o estresse é uma coisa terrível para nós, mulheres. Agora, vai ver se algum homem usa plaquinha? Quase nenhum! Isso é um problema que ataca as mulheres... Como, por exemplo, a questão do refluxo. O que tem de mulher com refluxo não é brincadeira..."

Caí na gargalhada de novo e respondi: "Taí, eu também estou com refluxo!"

"Não disse? Está provado. Estresse, coisa de mulher..."

Tenho visto o cansaço e o estresse ficarem estampados no meu rosto e no de minhas amigas com uma intensidade que nunca havia percebido antes. Principalmente quando entramos naquele elevador que tem luz fria e damos de cara com o espelho ao fundo. Um pavor!

Para evitar esses sustos, me recuso a dar aquela conferida no espelho, um gesto que foi tão automático durante anos em minha vida.

Estou domando a minha vaidade sem compaixão.

Quero explicar que aquele "antes" era quando tínhamos coragem de enfrentar qualquer espelho em pé de igualdade.

Um tempo antes da menopausa ou da pré-menopausa. Enfim, quando já não estamos menstruando mensalmente, o que por um lado é uma bênção, mas que também traz tantas outras chatices...

Fasezinha difícil... Os hormônios entram em choque com a realidade sem perdão!

"Mas que realidade?", vocês poderiam perguntar.

Bem, a realidade de que não se é mais tão jovem como antes...

"Antes do quê?!", se indignou Rutinha – meu alter ego nº 1 –, sem digerir meu papo com a terapeuta.

O problema é que a Rutinha sempre responde qualquer pergunta com outra pergunta e depois engata sozinha em seu palavrório contundente como uma agulha de injeção...

"Antes de notar que agora você já tem joanete? Que a bunda já não está tão dura? Que a celulite está vencendo a guerra territorial em seu corpo? Ora, você faz de tudo um drama! Isso se chama envelhecer, não tem formula mágica que mude, não", ela disparou, com a convicção de uma terrorista.

Fiquei com raiva! Será que ela precisava ser tão objetiva assim?

Precisava esburacar com o dedo a ferida?!

Uma das coisas mais difíceis que nós, mulheres, precisamos enfrentar é essa batalha contra o tempo. Não dá para pensar que vamos ganhar a guerra. Temos que fazer as nossas escaramuças e ver no que vai dar.

Um toque aqui, outro retoque ali; sempre esperando pelo melhor, mas sabendo que no final todas estaremos lá, nos cinquenta, nos sessenta, nos setenta, nos oitenta, nos noventa... Todas nós – mais ou menos esticadas, "preenchidas" ou botocadas –, de uma forma ou de outra, chegaremos lá.

"Então, o que fazer se não tem solução?", indagou Mariana – meu alter ego nº 2 –, a romântica inveterada, no limiar da emoção em sua tendência depressiva...

Tentando ser madura e coerente, respondi com a maior franqueza que... não sabia!?

Há dias que me sinto vencida por tudo.

Pelo dia, pela noite, pela solidão, pela gordura, pela celulite, pelas rugas, pela flacidez, pelo sentimento de não ser mais útil na vida, pela incapacidade de fazer o que eu fazia antes de me sentir assim, pelos tempos de viço e de tormenta, quando o corpo regia muito mais as minhas emoções do que a minha mente, quando a pressa era parte de mim e a preguiça era um fantasma.

Sinto saudade até de tudo isso... de lembranças que vêm e me dominam com um manto que beira a infelicidade.

Eu me lembro dos meus anseios por conquistas, dos meus sonhos impossíveis, me lembro de como eu era e, às vezes, nem me reconheço.

Nesses dias, quando tudo parece sem sal e sem sentido, me esforço para me lembrar de quem sou agora.

De tudo que faz sentido para mim neste momento em minha vida.

Dos momentos que venci, das provas que ultrapassei, das conquistas, das coisas boas e queridas que vivi e construí.

Começo a me lembrar da minha vida, de como meus sonhos mais profundos já se realizaram, de como o que realmente importava deu bons frutos.

Maravilhosos frutos que vieram de mim, de toda essa construção e desconstrução que vivi ao longo de minha existência, e então, surpreendentemente, fico feliz!

Em um clique, tudo parece começar a entrar nos eixos de novo.

Surge uma nova sensação, como se eu – neste exato momento de minha existência – tivesse, finalmente, direito a uma felicidade só minha.

Sem muitos tropeços, sem muitos sustos, com menos adrenalina mas com uma profundidade maior.

Penso em minhas filhas, mulheres em plena conquista de seus espaços e identidades.

Penso em meu marido, um companheiro como nunca pude imaginar encontrar.

Penso em como me virei pelo avesso para tentar ser melhor do que eu poderia vir a ser.

É muito difícil aceitarmos as transformações, as fases da vida, os momentos que nos obrigam a mudar contra a nossa vontade.

O mais fácil é nos revoltarmos. Nos frustrarmos. Ficarmos infelizes debaixo das cobertas da cama ou escondidas e amargas debaixo de nossas falhas.

Acho que, passada a tormenta, estou entrando – Deus é pai! – em outra fase.

Estou na muda.

A fase que vislumbro é aquela na qual preciso exercitar o meu corpo, o meu bom senso e a minha espiritualidade.

Sei que, se conseguir trabalhar esses pontos – meu físico, meu coração e minha cabeça –, a minha alma vai responder positivamente.

Resta agora praticar e praticar. Insistir muito. Não desanimar e ir em frente. Mas isso já é uma outra etapa.

Um toco

Sei que muitas vezes sou um toco oco que parece não ter um espaço definido.

Sem bordas, sem eiras, me sinto como um lugar vazio e ao mesmo tempo cheio de angústias que não sei decifrar.

Minha voz não se reconhece nem se apercebe de mim.

Quem sou eu nestes momentos de ilação?

Onde estou, nessa espera sem confirmação?

Um pequeno riacho flui nesta aparente escuridão e me empapa as emoções.

Quantas de mim molharão os pensamentos nesta ermida sem dono?

Desigual

Nem todo mundo cresce igual.

Nem todo mundo cresce igual, por dentro e por fora.

Não falo de ser alto ou baixo, gordo ou magro.

Falo de identidade.

Uma das coisas mais difíceis de se estruturar na vida é a própria identidade.

Vivemos em moldes nada originais.

Somos a nossa circunstância e não adianta muito ficar batendo a cabeça por aí, achando que ser diferente será melhor.

Quem garante que o seu estar no mundo é melhor do que o meu e vice-versa?

Nada disso importa se não crescermos todos os dias, em todos os minutos e milímetros de nós mesmos.

E isso é um exercício, uma prática, uma disciplina, seja lá o nome que você quiser dar.

Começa com algo muito simples.

Precisamos aprender a nos observar. A ter um posicionamento crítico do que somos e queremos.

Precisamos dialogar com nossa mente, desafiá-la todos os dias.

Sei que muitas vezes, ao fazermos isso, não decolamos.

Ficamos atarraxados ao chão, pesados como um saco de culpas e conflitos.

Ou nos atolamos em um lamaçal de dilemas dentro de casa, na esquina da rua, e não vamos a lugar nenhum.

Não conseguimos armazenar a coragem de dar o pulo no escuro que é a confiança.

Sim, porque existe uma confiança que habita o nosso ser, encravada no fundo de nossa alma.

Ela está ali, escondida no inercial de nossa mente.

O problema é aprendermos a ouvir essa voz.

Ela começa abafada, quase inaudível, mas não se engane. É apenas um teste.

Um teste para descobrirmos se estamos alertas, conectados com o nosso eu profundo.

Você pode dar o nome que quiser a essa voz.

Seja o nosso "eu superior" ou não, se nos recusarmos a ouvir a voz que nos desperta para quem somos, vamos acabar tristes e deprimidos.

Será um desperdício seguir em frente na vida achando que está tudo bem, que é isso mesmo e deixa como está...

Se não caminharmos para a grande descoberta de que existe algo imortal pulsando em nosso âmago – e que nos eterniza –, teremos vivido uma existência sem sentido.

Roupa velha

"Não se pode colocar retalho novo em roupa velha", repetiu o padre na missa da primeira sexta-feira de setembro, na igreja Nossa Senhora da Conceição, na Gávea.

São palavras do Evangelho ditas por Jesus.

Repetidas hoje, parecem algo que um amigo soltou numa roda de bar, papeando sem maiores profundidades... Mas não era esse o recado.

Não se pode também dar "pérolas aos porcos", diz o ditado popular, coisa que Jesus também disse.

Aliás, a vida é repleta de alertas para nossa consciência e nem sempre nos atentamos a eles.

Podem ser ditos comuns, aos quais não damos a mínima atenção, mas, se olharmos de perto, estão sempre apontando o dedo para nós, como um cutucão em nossa inércia.

O problema é saber ouvir e parar. Parar para repensar um pouco a vida...

Só que ninguém quer mais "repensar" nada, nem "recuperar" nada.

A palavra da moda é "resgatar".

Sim, porque RESGATAR é diferente de RECUPERAR.

Você acha que não? Então vamos ver.

"Recuperar" soa como algo que você perdeu, deixou por aí, sei lá... Como sua sensibilidade, seu prazer em vivenciar as diferenças, sua experimentação da vida... Parece mais como uma coisa que você fez, ou deixou de fazer, pela própria vontade, seja ela consciente ou não; foi você – protagonista – que deixou de lado e não quis mais...

Já a palavra "resgatar" parece que algo precioso foi sequestrado ou que alguém o roubou. Não foi você que esqueceu por aí, com alma desleixada, não!

"Resgatar" lembra que existe um culpado por tudo aquilo que se perdeu: o amor da vida toda, o trabalho de que você gostava, a figura que você se imaginava, e que alguém ou algo tirou isso de você.

Confesso que para mim essas duas palavras são realmente um problema.

"Recuperar" aponta o dedo para a nossa responsabilidade sobre todas as coisas que fazemos e optamos.

"Resgatar" despeja no outro as consequências de algo do qual não fomos os autores.

E, eu admito, isso me irrita.

Detesto essa mania de jogar a culpa nos outros, no mundo cruel.

Acho uma vilania para com a vida, um insulto contra essa grandeza toda que é viver!

Não gosto do julgamento de que somos sequestrados de algo e que, portanto, temos um milhão de desculpas para sermos vítimas ou carrascos.

Seja de nós mesmos ou do outro... Ah, sempre o outro...

Um ponto que entendi nessa minha caminhada é que não existem culpados.

Nem existem vitimizados eternos, crianças a brincar com fogo, sempre queimando a mão e nunca se afastando do perigo...

Somos um e outro, enquanto ainda giramos na roda da vida.

Nossa tarefa primordial é tentar pular fora desse imbróglio todo para projetarmos nossas raízes em direção ao solo, que vai nos dar água para crescermos. Água e sol...

Não, definitivamente precisamos acabar com essa história protetora e condescendente de que existem apenas mocinhos e bandidos.

Vamos encarar de frente.

Há horas em que somos mocinhos, outras vezes, bancamos os bandidinhos... Isso serve a todos que tentam manipular a existência e aplacar a consciência.

Não vale termos uma mala de desculpas arrumadas simetricamente porque essa bagagem não vai chegar a nenhum destino razoável.

Aquele lugar que todos idealizam aportar na maturidade.

Um lugar solar e receptivo onde seremos acolhidos e paparicados, pois, lá no fundo, já teremos feito nosso dever de casa: internalizado as figuras de nosso pai e nossa mãe, aqueles que sempre nos ajudaram a lamber nossas feridas.

Tem gente que não se dá com o pai ou a mãe, ou os irmãos, e, se questionados sobre esses motivos, arrastam um baú de lamentações com queixas intermináveis...

Quem sou eu para julgar? Detesto julgamentos!

Mas, se você carregar esse baú de ressentimentos nas costas, sinto avisá-lo: não irá a lugar nenhum que não seja este pântano de emoções confusas no qual você sobrevive mal.

Pensando bem, sugiro que todos que estejam de malas prontas (existe sempre uma "viagem" para algum lugar, não é mesmo?), malas repletas de sentimentos negativos, com culpas e obsessões, abram essas mazelas mofadas e comecem a jogar tudo fora. Atirem a tralha toda no mar!

Não vai dar para ser aquela pessoa que você queria se sua bagagem tiver tanta roupa velha.

Faça como Jesus: não coloque retalho novo em roupa velha, ela não vai ficar bonita e nem você vai gostar do que vai encontrar no espelho.

Atenção: malas ao mar, marujos!

Formiguinhas virtuais

Sei que a vida é feita de pequenas descobertas, infinitas partículas de vários alguéns e de miúdos dilemas e pedrinhas que colocamos uma depois da outra, para que possamos voltar a algum lugar de nossa história sem que nos distanciemos demais do caminho.

Como formiguinhas, vamos diligentemente trabalhando em nosso formigueiro de relações para nos ajudarmos a nos encontrar em nossas comunidades.

A comunidade do eu. A comunidade do outro. A comunidade de todos os outros que não fazem parte do meu eu.

Pode parecer um absurdo jogo de palavras, mas tudo o que fazemos é tão infinitamente pequeno diante de tudo que há no mundo!

O mundo, ah, o mundo está cada vez maior... Mais denso, com mais gente, mais tendências, mais pensamentos, mais obrigatoriedades modernas, mais virtual, mais marketing, mais tudo, para nos pulverizar em milhões de partículas nas redes sociais.

Somos um bit, um nome, uma tecla.

Somos tão solicitados e tão presentes em tantos lugares no mundo virtual, que parece que não estamos em lugar nenhum, pois somos onipresentes!

Aparecemos aqui e ali nos computadores, iPads e celulares, com a velocidade que as sinapses eletrônicas nos impõem.

E, por estarmos em tantos lugares, em tantas redes sociais, em tantos grupos, estamos cada vez mais sós em nossa existência, cada vez mais moldados, cada vez mais massificados.

Aliás, quem hoje em dia liga para nossa complexa existência, de um corpo e de uma alma, que nos faz tão intrinsecamente diferentes entre si?

Quem perde tempo em sentir, falar olho no olho, conversar de forma sincera, sentir o sentir, quando todos estão preocupados em se inserir até o âmago no mundo virtual, na exposição total?

Há muito me sinto lutando contra essa correnteza avassaladora que o mundo tecnológico nos impõe.

Tudo precisa ser documentado e exposto. Todos precisam saber onde estou, o que penso sobre qualquer assunto, dos ditos "complexos" até os mais banais, e até ver o prato que vou comer no restaurante...

Que mundo é esse que precisamos partilhar de nosso dia a dia tão insistentemente? Que exibicionismo obsessivo é este que nos tomou?

Será essa a ditadura do futuro que a literatura previa em livros com a figura do poderoso "Grande Irmão" que tudo via e tudo controlava?

Só que agora as pessoas se entregaram a esse "Grande Irmão" de braços abertos e se fazem de escravos voluntários dele a todo o momento...

Não sei o que essa vitrine vai gerar no futuro, quando todos se derem conta de que perderam um bem precioso e inestimável: a própria intimidade, sua real identidade.

Afinal, o que essa vida comunitária eletrônica, onde todo mundo sabe tudo do outro, vai nos trazer de benefício?

Amigos imaginários?

Inimigos reais?

Sinto que o mundo virou um grande túnel por onde todos precisam passar, e quem não o fizer estará emperrando o fluxo, e o fluxo não pode parar.

E aqueles que se rebelarem ficarão flutuando em limbos apagados e sem links...

Caminhamos para uma realidade nada virtual, onde não será possível viver de verdade sem plateia.

Como sobreviver sem esse voyeurismo será uma questão existencial para as futuras gerações.

Os mártires desse processo ainda terão voz?

A colheita

Nem sempre me acho a melhor pessoa do mundo.

Há momentos em que pareço menor, sem nenhuma disposição para enfrentar todas as miudezas e as eventuais grandezas de meu cotidiano.

Já cheguei a pensar que essa oscilação de humor poderia ser hormonal, essa tal de menopausa...

Vi que não era isso.

Esse tipo de marasmo me ataca sempre que vejo algo que me deixa meio desgostosa das pessoas.

Quando percebo o egoísmo e que elas olham para o próprio umbigo, pensando só no que "eu quero", "eu gosto", "eu preciso"...

Isso me dá uma vontade louca de entrar em uma caixa e me mandar via Sedex para bem longe...

Estados mentais extremamente egocêntricos me incomodam demais!

Gente que passa a vida correndo atrás da própria cauda, isto é, procurando o próprio prazer.

Sem falar naqueles que querem ter, pelo menos, a certeza de que não vão sentir nem a dor de uma unha encravada.

Isso, convenhamos, me tira do sério.

Outro dia, numa reunião, puxei um assunto relativo a caridade.

Para mim, a verdadeira caridade é aquela em que a pessoa ajuda sem esperar nada em troca.

Algumas pessoas pensam que dar roupa velha já é uma grande ação generosa.

É que os sentidos de "dar" e "se dar" são muito distintos para mim.

Preciso dizer, por uma questão de justiça, que tenho amigas maravilhosas, que vivem ajudando em obras sociais e aqueles que precisam de um carinho na alma.

Pessoas que se doam com total desinteresse.

São generosas com seu tempo e sua dedicação. Batalham muito para conseguir o que for necessário.

Essas estou sempre aplaudindo, elas merecem.

O que me deixa sem paciência são aquelas que não veem como suas vidas parecem vazias e sem um propósito real.

São pessoas que se esfarelam, se pulverizam em solidão e amargura, envolvidas com seus problemas pessoais.

Não entendem que tudo tem um começo e que, se não acertarmos o rumo no meio do caminho, o fim será desastroso. Temo por essas pessoas que se acham seguras por estarem acima dos necessitados e das carências dos outros.

Temo porque elas estão construindo um buraco existencial de grandes proporções.

Não quero nem falar em carma, pois muita gente não acredita nisso.

Prefiro chamar a atenção para o plantio. Sim, o plantio.

O que você vai colher lá na frente quando estiver realmente sozinha se não tiver dado um sorriso, um afago, um suor ou uma lágrima sequer por aqueles que você não conhece?

Nem quero imaginar.

Síndrome do ninho vazio

Se você tem um ou dez filhos, não importa. Quando eles vão embora – seja quando se casam, vão morar no exterior ou mesmo para ter seu próprio apartamento –, a sensação é a mesma. Bate a síndrome do ninho vazio.

Você começa a andar pela casa olhando as paredes e os espaços vazios, se perguntando: E agora? Como será que tudo vai ser daqui para frente?

Tudo fica grande demais, amplo demais, silencioso demais...

No primeiro momento, você pode até achar que ganhou mais liberdade, mais tempo para você mesma, para fazer as coisas que sempre quis sem ninguém ficar pedindo a sua atenção ou exigindo um pouco mais da sua disposição interior de doação contínua como mãe.

Mas a verdade é que, quando os filhos vão embora, tudo dói.

Dói ver os armários vazios, a cama sempre feita, a falta de preocupação com o "será que já chegaram?". Será que vão reclamar da comida? Da roupa que querem usar naquela festa e que nunca está no armário, dói ver tudo tão arrumado e tão calmo...

As três filhas da minha irmã já casaram e ela já tem netos, mas ainda sofre com essa difícil falta.

Uma filha mora na mesma cidade que ela, São Paulo; a outra, no interior do estado de São Paulo; e a mais moça, no Rio. "É duro", ela me diz, com o coração tripartido de saudade.

Minhas filhas moraram no exterior por dois anos para trabalhar e estudar.

E eu confesso: foi muito duro sentir meu coração bipartido de saudade.

Tenho uma amiga que vive a situação oposta. Os filhos, dois homens feitos, ainda moram com ela e reclamam de tudo!

"Eu adoraria que eles fossem morar sozinhos! Não falo nem em casar, pois essa geração só pensa nisso depois do trinta e muitos anos. O fato é que eles já são uns homões e ficam na minha barra reclamando de tudo! E eu não posso dizer nada que o mundo vem abaixo!"

Para essa amiga, a síndrome seria uma bênção.

"Nem todo mundo tem o que merece, não é mesmo?", emendou Rutinha, esse meu terrível alter ego, depois que revelei como me sentia e dei o exemplo da minha amiga.

Vi logo que íamos entrar em uma daquelas montanhas russas verbais que minha amiga adora, algo como "cair de boca na realidade".

"Não entendo você! Já cansei de ouvir o quanto você estava orgulhosa de ver suas filhas crescendo, desenvolvendo suas personalidades, ficando independentes e defendendo opiniões e pontos de vista. Enfim, que elas estavam amadurecendo e virando gente. E agora você quer metê-las em outro figurino? Sinceramente, me poupe!"

Olhei para minha amiga com um misto de surpresa e... culpa. Sim, culpa. Foi um sentimento que me acometeu e me surpreendeu.

Mas culpa de quê?! Comecei a fazer um inventário de minhas atitudes com elas e vi que estava caindo na armadilha que nós, mães, criamos toda vez que algo nos incomoda ou, no fundo, não sai como queríamos.

Sim, porque existe uma diferença entre querer e idealizar.

Queremos tudo sempre bem, todo mundo arrumadinho em nossa família, todos felizes, satisfeitos e com saúde, mas também idealizamos bandeiras e desafios para nossos filhos que, muitas vezes, não lhes pertencem.

Colocamos faixas e slogans em suas mãos, ideias que estão em nossas cabeças, e caímos na esparrela de achar que eles vão absorver tudo.

E que este fazer constante de tentar dar a eles todas as respostas e apoios vai transformá-los em algo que nós, no fundo, achamos que é nosso. Mas não é. É a vida deles.

Quando pensamos que podemos moldá-los para protegê-los ou guiá-los, nos enganamos.

Precisamos nos livrar dos contornos e limites que estabelecemos e não só imaginar mas acreditar e confiar que eles têm o direito de ter a própria forma.

Sei que enfrentar a virada da idade e a saída dos filhos de casa pode ser um fardo muito pesado para muitas mulheres. Digo isso com a experiência de quem ainda está vivendo este momento.

Uns dias são mais difíceis que os outros, outros passam mais rápido, alguns são realmente ótimos e curtir a liberdade de ser dona de seu tempo – fora o trabalhão – se torna, de certa maneira, uma descoberta.

Porém, lá no fundinho da alma, no lugarzinho mais profundo, sempre dói um pouquinho saber que o tempo está passando, que novos tempos virão e que você tem que se preparar para tudo isso, sem perder a lucidez e a perspectiva de que tudo tem a hora certa.

Não tenho fórmula para diminuir essa sensação de ninho vazio em que me encontro com a saída de minhas filhas de casa, até hoje.

E não tem nada a ver com a nossa relação, que nunca esteve tão boa.

Nossas conversas são sinceras e intensas, outras vezes, alegres e fúteis, todas maravilhosas e enriquecedoras para mim.

Mas sinto a falta delas no dia a dia e sei que isso não mudará nunca. Morem elas no exterior ou na casa ao meu lado.

Faz parte de mim. Faz parte de quem eu sou. Faz parte de ser mãe.

Mas, para não encerrar este texto com a sensação de baixo-astral, tenho que revelar para vocês o que a Rutinha me receitou em sua terapia de choque com a realidade.

"Você está precisando é comprar um cachorro para te dar trabalho! Não tem nada que preencha mais a vida de uma mulher que sente falta dos filhos do que um cãozinho pequeno e frágil lambendo os dedos dos nossos pés e que você possa mimar no colo. Vai logo comprar um shih tzu ou um poodle e para com essa lamentação, mulher!"

Depois dessa nossa conversa tenho pensado muito em qual cão comprar.

Pode parecer bobagem, mas a Rutinha teve a maior lucidez em me mandar achar um filhote para cuidar.

Ela me fez mudar um pouquinho o foco que, confesso, iria sufocar também aos pouquinhos a relação com minhas filhas.

E, cá para nós, será bom exercitar esse meu lado "maternal" com um ser indefeso, olhar a carinha dela – sim, porque, em alinhamento com o meu mundo feminino, quero uma fêmea – e sentir que estou ajudando outro ser vivo a se desenvolver e a crescer... Afinal, mãe é mãe.

P.S.: Preciso agradecer a presença de Millie e Susie em minha vida. Minhas duas fêmeas da raça Norfolk Terrier. Elas têm sido companheiras fiéis, amorosas e alegres. Pois é, como sou exagerada, segui o conselho da Rutinha em dobro!

Filhas únicas

Meu pai Jaddo dizia aos quatro cantos do planeta que tinha "três filhas únicas"!

Ele repetia essa expressão para os amigos com tamanha convicção e orgulho, que nós três – Monica, Maritza e eu – acabamos por acreditar piamente nesse status.

De sermos únicas e especiais.

Em uma família predominantemente de mulheres ao longo de várias gerações pelo lado de minha mãe, Mariza, este era um grande elogio.

Só bem mais tarde compreendi, à luz da psicologia, como é fundamental sermos elogiadas pelo pai.

A figura masculina primordial em nossa vida.

O pai é o mundo, e se o pai nos acolhe, o mundo nos acolherá.

Talvez tenha sido isso que fez de nós, irmãs, pessoas que sempre estiveram dispostas a enfrentar qualquer desafio de peito aberto.

Ou, como gosta de dizer minha querida mãe Mariza, sempre um pouco exagerada em relação às filhas, "com uma coragem que beira a temeridade!"

Cada uma de nós teve o apoio incondicional dos pais para fazer o que quer que fosse, seja na vida profissional, seja na pessoal.

Eles eram, e ainda são, nossos maiores fãs.

Com minha mãe aprendi a coisa mais importante da minha vida.

O valor do amor e de saber perdoar. Sempre.

Com ela também conheci a alegria de dançar.

Desde quando éramos pequenas nossa mãe nos levava ao cinema para assistir aos musicais da Metro e até às operetas em preto e branco em circuitos especiais.

Dançar para ela sempre foi e é, até hoje, o "seu momento".

Mariza é conhecida por seus rodopios e sua graciosidade, não importando a idade, como uma "jovem senhora" que arrasa nos salões...

Em todas as situações que vivemos em família – as boas e as difíceis –, o amor sempre falou mais alto.

Ter uma família unida faz toda a diferença na vida de qualquer ser humano.

Família unida é aquela que ri junto, que sofre junto, que briga junto e que também faz as pazes junto. E não é nada perfeita.

Somos uma família de mulheres barulhentas, que gostam de falar um pouco alto, de contar histórias, de rir e de chorar de emoção sem pudor.

Emotivas por natureza.

E, para mim, é isso que nos torna tão interessantes.

Aprendemos errando e estamos sempre tentando fazer o melhor.

Herdamos essa persistência de acreditar no amor de nossos pais.

Tesouros

As filhas são sempre o nosso grande tesouro.

São mulheres que nos ensinam como caminhar na vida, desde o uso do iPhone até as discussões do espaço existencial que precisamos negociar com elas.

E, confesso, vira e mexe, são elas que me colocam nos trilhos.

Minha filha Anna Clara, que é cineasta, por exemplo, me trouxe de volta à dança.

Ela, literalmente, me pegou pela mão e fomos fazer uma aula de alongamento, que é uma expressão um pouco simplista do que acontece na sala de aula de um professor ímpar que conhecemos.

Em sua classe, as pessoas se transformam, viram seres além da idade e dos limites do corpo.

Tudo por conta do talento e da dedicação desse grande mestre do balé.

Homens maduros, jovens atléticos, artistas de TV, bailarinas profissionais e aposentadas, pais e filhos, além de mães e filhas, como Anna Clara e eu, encontram inspiração para explorar sua criatividade e seu destemor ao tentar um "chassé" ou uma posição que, até então, parecia impossível!

Voltar a dançar foi como abrir uma porta para algo esquecido em mim, fazia tempo...

Mas desde a primeira aula me descobri dialogando comigo mesma: olha quem está aqui, olha quem voltou!

Minha postura melhorou, minha confiança em subir na meia ponta cresceu...

Sei que estou bem longe do que já fui.

Parei há muitos anos e nunca mais voltei.

Confesso que tinha perdido a coragem de me olhar no espelho numa sala de aula e não ver mais a pessoa que eu era.

Quando somos jovens, o corpo pode ser uma pluma, e até hoje fico encantada quando vejo uma bailarina na ponta, graciosamente se movimentando em passinhos miúdos de passarinho.

Cada vez mais admiro o poder de transformação do talento, da sensibilidade.

E, mesmo apreciando tudo isso, passei anos distante de uma sala de aula.

Não tinha percebido como esse mundo me preenchia e como me fazia falta.

Recordo com nostalgia e uma ponta de orgulho que, quando morei no exterior nos anos setenta, assisti a temporadas inteiras de balé clássico com dois dos melhores bailarinos que o mundo já viu: Baryshnikov e Nureyev.

Tudo isso que ficou esquecido na lembrança reacendeu agora em minha mente como uma pequena chama.

E, neste momento da minha vida, trouxe de volta a sensação de que posso ter de novo meu corpo em movimento.

Que meu corpo pode, sim, desafiar os limites do tempo.

Meu joelho estava ruim, meu pescoço, tensionado, minha lombar, péssima, mas tudo isso foi ficando no passado.

A dança entrou de novo em minha vida. Ela me trouxe alegria, vibração.

E tudo aconteceu pela mão de uma jovem mulher, minha filha, que me ensinou esta lição tão especial e delicada.

A arte, realmente, nos torna heróis de nossa própria história.

Pássaro ferido

Há dias em que me sinto meio partida, como se faltasse alguma peça... Sei que esses dias começam estranhos, não consigo me desvencilhar das armadilhas que parecem vir da mente mas que se originam no coração.

Fico sensível comigo mesma, com as estranhezas do sentir, e choro sem razão nenhuma, só por estar viva.

Sei que para muitos isso pode ser melancolia, mas penso que, quando estamos assim, somos pássaros feridos, nos debatendo para levantar e com uma asa sem vida que não nos deixa aprumar.

Miná

Existem pessoas que ultrapassam a morte e permanecem vivas mesmo ausentes.

Minha avó Miná é uma dessas pessoas para mim.

Mulher pequena e com uma impressionante voz de contralto, ela se fez poeta depois de viúva, aos 56 anos.

E declamava seus poemas com uma força rara.

Sua temática passava longe dos amores não correspondidos ou do sentimentalismo piegas.

Miná era uma trovadora dos enigmas da vida e do espaço sideral.

Ela questionava a própria existência quando indagava: "Serei eu uma rosa dos ventos na estrada do fim do mundo?"

Pelos seus olhos, aprendi a ver além do horizonte.

Em seu íntimo existia uma libertária espacial, que criava imagens arrebatadoras de "viajantes com elmos incandescentes que desvendam véus de insondáveis mistérios"...

Ela gostava era da imensidão do cosmo e se projetava no futuro.

Nunca a vi despenteada ou chorando por qualquer razão, por mais trágico que fosse o acontecimento.

Miná acreditava no que estava por acontecer, no porvir...

E bem antes de o homem pisar na lua, ela já tinha lançado seu livro de poemas *Uma rosa na lua*.

Esse poema, aliás, foi traduzido e está exposto em um museu da NASA.

Minha avó virou minha confidente quando comecei a escrever meu primeiro livro de poemas, *Poéticamente*, logo após a morte de minha filha Anna Rosa.

Falávamos durante horas ao telefone, discutindo poesia, nos alimentando com imagens lúdicas e etéreas...

Uma vez ela me disse que, "se a morte é uma porta que se fecha, sempre existirá uma janela para se abrir"...

Ela era uma mulher à frente do seu tempo, que aprendeu a dirigir e tirou carteira de motorista na década de 1920.

Ensinou-nos que mesmo diante da maior dificuldade devemos achar um modo de sorrir.

Ou de rirmos de nós mesmos.

Na verdade, hoje entendo que, de uma maneira sutil, ela estava nos dizendo para não levarmos a vida tão a sério...

E, mesmo sem ter nada a ver com o budismo, no fundo ela queria nos mostrar que devíamos exercitar o preceito da impermanência.

Já que tudo um dia passa, o melhor é rirmos de nossos problemas...

A mãe de minha avó, Maria José, também era uma mulher especial.

Estudou pintura com os impressionistas em Paris, onde ficou por quase um ano com os pais, viajando pela Europa.

Maria José absorveu o mundo moderno ao visitar a Feira Mundial, que acontecia em Paris no ano de 1900, virada do século XIX para o XX.

E Miná cresceu com esta mãe que era sufragista e a favor do divórcio.

Em uma sociedade conservadora como a do Rio de Janeiro do início do século XX, Maria José conseguia passar suas ideias avançadas adiante ao escrever nos jornais com o pseudônimo de Ben Hur.

Minha bisavó costumava se reunir com as amigas para discutirem, em francês, os autores franceses.

E Miná presenciava tudo isso desde pequena.

Isso explicava sua intensa vida cultural.

Em sua casa nos acostumamos a ver e a participar, desde muito jovens, de saraus de música e poesia.

Eu me lembro de, ainda bem menina, me encantar com a capacidade de minha avó de lidar com o mundo.

Como nunca tinha sido uma pessoa religiosa, o que era uma raridade em sua geração, ela colocava na expressão artística a crença de que realmente existia vida além da morte.

E é por isso que até hoje sinto muitas saudades dela.

Miná me ensinou que nossa existência é infinita.

Passagem

A vida nos surpreende com coisas estranhas...

Quando minha avó estava muito mal no CTI, eu tive que estar em São Paulo para gravar o meu programa de TV (*Marcia Peltier em Revista*, pelo canal GNT). Minha mãe me ligava preocupada, achando que eu não estaria presente no momento em que ela poderia falecer.

Mas eu dizia que chegaria a tempo e que ela não ia morrer naqueles três dias que eu estava longe.

Minha certeza se baseava apenas... em minha certeza.

Eu sabia que estaria no Rio quando isso acontecesse.

Voltei e minha avó continuava no CTI.

Fui visitá-la e conversei com ela que estava tudo bem, que ela podia descansar.

Desde o derrame que a deixou praticamente uma outra pessoa, sem quase poder falar e dependente de enfermeiras, passaram-se longos nove anos...

Ela não era mais a mesma mulher vibrante que encantava a todos, que dela se aproximavam com sua verve, seu carisma e sua inteligência.

Mas ainda era minha querida Miná, que entrou em coma comigo no hospital, na única noite que lá dormi para revezar com minha mãe.

Minha avó morreu três dias depois que cheguei de São Paulo.

Na noite em que ela morreu, sonhei com sua passagem.

Eu me lembro nitidamente de ver, em sonho, a correria dos médicos e enfermeiros no CTI.

Acordei com a mão no telefone para ligar para minha mãe.

Mas, ao colocar o fone no ouvido, percebo que ela já estava na linha e o telefone nem havia tocado.

Não a deixei começar a falar, fui logo dizendo: "Mamãe, como é que você não me avisou que a vovó faleceu?"

Minha mãe respondeu: "Mas, minha filha, estou ligando para te dar essa notícia..."

Ancestralidade

"Precisamos reverenciar nossos ancestrais", me disse uma terapeuta que lida com esse aspecto às vezes tão desconhecido em nossa vida.

Quem fica se lembrando da sua ancestralidade?

Comecei a fazer essa terapia por causa de minhas filhas, para "limpar" o passado.

Não vai dar para explicar aqui o que se faz em uma sessão. Nem o método. Mas tenho visto resultados surpreendentes em várias pessoas. E me incluo nesse grupo.

A pessoa que me fez entrar nesse processo foi Anna Rita, minha filha mais velha.

Eu ia ser avó e tinha que zerar toda bagagem familiar...

Mas como fazemos isso?

Muitas vezes nem sabemos bem quem foram nossos avós ou bisavós... Mas existe um método, acredite.

E existem, certamente, muitos outros métodos, práticas e teorias, mas falo apenas do que fiz.

Trabalhei a Constelação Familiar em inúmeras sessões com uma terapeuta.

Na prática, com a Constelação, você consegue ter um retrato real de suas relações familiares.

Pode ser feito com bonecos, como eu fiz, mas quem faz com pessoas diz que o resultado é muito mais impactante.

Na verdade, se olharmos nossos antepassados, eles reverenciavam os anciãos como símbolo de sabedoria.

Eles eram os guardiões da memória de seu povo, uma referência em caso de qualquer dúvida. Eles eram ouvidos.

Em nossa sociedade moderna, os idosos muitas vezes sequer são consultados e, não raro, viram um estorvo, um problema...

E isso se reflete em nossas vidas de uma maneira que muitas vezes não temos a menor ideia.

Viramos pais de nossos pais, alguns até de uma forma tirânica. Perdemos o lugar de filhos, pulamos a hierarquia, e isso não é nada benéfico para as relações.

Até entre irmãos, devem-se preservar algumas condutas.

O filho mais velho deve ser ouvido sempre, pois ele tem o seu papel, que é diferente do papel do filho do meio e do caçula, e por aí vai...

Todo mundo tem algum problema de relacionamento familiar, por melhor que todos sejam.

As diferentes personalidades se chocam, se sobrepõem, e aí pode entrar mágoa, ressentimento, ciúmes e rejeição.

Essas terapias existem para nos ajudar.

Aprendi a ficar com o que é meu de fato e a entregar o "fardo" existencial que habita em toda família para quem de direito.

E esse "quem de direito" via de regra está no passado das famílias das quais descendemos.

Não é um trabalho fácil, mas merece atenção.

Ao reverenciarmos os mais velhos, damos a eles seu lugar correspondente na família e também lhes entregamos o que não devemos carregar nem passar para nossos descendentes.

Toda família tem uma história guardada no baú.

São histórias de perda, dor, discórdia, traumas, e que muitas vezes ficaram soterradas por conveniência, negação ou puro esquecimento.

Mas essas histórias precisam ser curadas, mesmo que você nem saiba bem como foi que tudo aconteceu. Isso não tem tanta importância assim. Vale o que você lembrar ou ouviu contar.

O que tem que ser visto e analisado é o que vamos fazer daqui pra frente. Pois todas as nossas ações acabam sendo afetadas indiretamente por esses reflexos do passado.

Não podemos ficar, alienadamente, jogando sentimentos negativos, sejam eles de culpa, perda, fracasso, solidão ou amargura, de uma geração para a outra.

Não existe nenhuma fórmula mágica. Mas tem que estar presente a espiritualidade, o sentimento e, sobretudo, a intenção de se criar uma forma de crescimento pessoal e de interação com a vida.

E você? Conhece a história da sua família?

Quantos fardos você vem carregando por aqueles que certamente nem estão mais aqui?

Vento

Vou fazer uma promessa de vento. Vou sentar todos os dias e tentar dar um rumo à minha escrita. Vai ser um diário duro de aguentar! Mas juro que vou tentar. Vou torcer e retorcer os mais chulos pensamentos e tentar traduzir esse conflito entre o nada e o tudo em belos conteúdos. Não vou apostar na cretinice nem na caretice. Juro. Vou desmascarar as lentas mentiras que nos dizemos no papel. Nem sei se será difícil ou fácil, não importa. Vale o que me propus: uma tarefa, uma simples tarefa que me obrigará a espiar um pouco lá dentro e ver, nem que seja de relance, os rodopios da mente.

Cálice de sangue

"Você vai escrever sobre a Anna Rosa, mãe?", me perguntou Anna Rita, no seu último mês de gravidez.

No primeiro momento eu disse que já tinha resolvido tudo dentro de mim e que não achava que escreveria sobre ela. Mas na mesma hora me vi dizendo: "Não sei, acho que não", e um turbilhão de pensamentos veio à minha mente.

Eu estava curada dessa dor, pensava, mas será que estava mesmo?

É tão difícil e irracional ter certeza de que algo que fez você quase morrer já não te afeta mais...

A verdade é que se passaram quase trinta anos, mas ainda parece que foi ontem...

Nem sempre foi assim.

Tive anos de amnésia temporária sobre esses acontecimentos tão dolorosos, esquecia o dia em que ela havia nascido, o dia em que ela morreu, e eu ia em frente fazendo o que podia para não ser soterrada pela maior perda que alguém pode sofrer: a perda de um filho.

Minha Anna Rosa nasceu em 11 de junho de 1984 e morreu no dia 19 de junho do mesmo ano.

Mas, para mim, ela sempre esteve presente em todos os momentos da minha vida.

Antes, me lembrar dela era sofrer. Nó na garganta, lágrimas e lágrimas derramadas durante anos.

E a dificuldade física de me aproximar de qualquer bebê.

Anna Rosa nasceu com um problema cardíaco e pulmonar raríssimo – um caso em um milhão, disseram os médicos –, e o diagnóstico era um só: incompatível com a vida.

Mesmo assim, fizemos tudo o que a medicina oferecia na época.

E tivemos de uma médica cardiologista infantil todo o apoio e o carinho que uma mãe e um pai colhidos na dor poderiam esperar.

Anna Rosa foi operada, mas morreu doze horas depois.

Posso dizer que aquele foi o grande momento de decisão em minha vida. De quem eu era e quem eu queria ser.

Foi uma linha divisória, antes e depois de Anna Rosa.

Eu tinha uma família amorosa, frequentava ambientes de ótimo nível sociocultural, mas não estava, nem de longe, preparada para isso.

Acho que ninguém nunca está mesmo...

Minha gravidez tinha sido diferente das outras duas anteriores.

Eu sentia uma imensa tristeza... como se algo não andasse bem...

Quase não engordei, e lá pelos seis meses sonhei com um caixão branco de criança... Fiquei muito mexida...

Quando acordei da cesariana, minha pergunta foi: Onde está minha filha?

Pelos olhos de minha família dava para sentir que era algo ruim, muito ruim...

Na noite anterior à minha internação, me lembro de ter tido uma conversa muito séria com o meu então marido.

"Chico", eu havia dito, "acho que algo terrível vai acontecer amanhã. Ou eu ou minha filha vai morrer".

Ele me acalmou e disse que aquilo não fazia o menor sentido.

Ao acordar da cesariana, tudo fazia sentido.

Fui até a UTI Neo Natal da Clínica São Vicente, pois queria conhecer minha filha.

Ela estava na incubadora, toda monitorada, e só pude fazer carinho enfiando a mão e tocando-a com a ponta de meus dedos...

Saí dali como se tivesse sido golpeada no estômago, nas costas, em cada célula de meu corpo.

Eu não conseguia me erguer, não conseguia entender...

Tirava leite de bomba para minha filha ser alimentada por sonda, tanto leite que comecei a doar para o hospital...

Tive alta um dia antes da operação dela, mas me lembro claramente, sentada na poltrona do meu quarto no hospital, de ver na janela o enterro de minha filha.

Era como se eu estivesse vendo tudo numa tela de TV.

A procissão andando pelo cemitério São João Batista, as sombras nas pedras do chão, o pequeno caixão branco e a minha roupa estampada com gola branca e um laço preto. Eu sabia até como estaria vestida...

Fomos para casa, mas voltamos ao hospital na manhã seguinte para a operação.

Eu lembro nitidamente da música que tocava no rádio enquanto subíamos a rua Marquês de São Vicente para chegarmos ao hospital.

Era uma canção interpretada por Maria Bethânia: "Pai, afasta de mim este cálice/ Pai, afasta de mim este cálice/ Pai/ de vinho tinto de sangue..."

Era a música certa, no momento certo. Até hoje agradeço a Bethânia ter gravado esta canção tão dolorosa e real.

Foram horas de operação e, depois, voltamos para casa.

No meio da noite, fui literalmente acordada de meu sono por uma figura de luz que tentava se aproximar de mim. Levei um susto e sentei na cama.

Acordei o Chico e perguntei que horas eram.

Duas da manhã, ele me respondeu.

Eu contei o que tinha sentido, o que tinha visto... Mas ele me pediu para dormir, pois eu havia tomado um calmante muito forte e devia ser minha imaginação...

O telefone tocou antes das seis da manhã.

Atendi e uma voz do outro lado me comunicou que minha filha tinha piorado muito e que nós deveríamos ir ao hospital o mais rápido possível.

Desliguei o telefone e avisei ao Chico: "Nossa filha morreu."

"Que absurdo", ele me respondeu. "Ninguém ia ligar tão cedo e não dar uma notícia tão importante como essa."

Fui firme: "Ela morreu e eu já vou pronta para o enterro."

Peguei no armário aquele vestido de grávida da minha visão na janela do hospital.

Ao chegarmos à UTI, o pediatra veio ao nosso encontro para falar conosco antes de entrarmos.

Mas fui logo dizendo: "Eu sei que ela morreu."

"Como você sabe?", ele me perguntou, surpreso.

"Eu sei", respondi, e entrei em silêncio.

A incubadora onde ela ficava estava vazia.

Pedi para ver minha filha e a enfermeira foi buscá-la.

Quando peguei Anna Rosa no colo ela estava dura e fria.

Quase sem palavras, perguntei que horas ela tinha morrido.

"Duas da manhã", a enfermeira respondeu.

A mesma hora em que eu acordei de madrugada.

Para mim, como mãe, ficou claro.

Ela tinha vindo se despedir.

Mas eu, assustada, não consegui entender que era um adeus.

Chuva dourada

Fui para a varanda do quarto de minhas filhas no apartamento em que morávamos, na Barra da Tijuca, e fiquei apoiada na mureta, olhando o céu.

As meninas já tinham descido para brincar na pracinha com a babá e eu aproveitava esta pausa para ficar sozinha no quarto delas, ouvindo cantigas de dormir ou mesmo folheando alguns livros infantis.

Era como se o cheirinho de criança, os brinquedos e as bonecas espalhados em suas camas me confortassem...

A simples existência delas naquele espaço embalava a tristeza um pouco mais para longe de mim.

Eu gostava de me sentar no chão do quarto, sozinha, e ficar divagando, tentando sair da minha depressão por ter perdido uma filha, um bebê que eu somente tinha podido embalar quando ela estava morta e gelada.

Entre os pensamentos que me vinham à mente durante aquelas morosas e letárgicas manhãs, era a minha ação como mãe, no velório, segurando aquele corpinho inerte.

Fiz questão de vestir minha filha de cor-de-rosa. E de enfeitar o seu pequeno caixão branco com rosas cor-de-rosa, também.

Eu queria fazer tudo por ela até o fim.

Mas precisei correr para o banheiro por duas vezes para tirar leite de bomba e jogar tudo fora na pia.

Não ia querer que nenhum bebê se alimentasse de tamanha tristeza.

Não ia fazer bem algum. E pedia a Deus que a injeção que eu havia tomado para secar o leite fizesse efeito logo...

Eu me lembro de minha avó querida Miná, mãe de minha mãe, chegando para o velório e me dizendo, com o coração mortificado, que aquilo não estava certo, que não era para ser ela. "Deveria ter sido eu, faria muito mais sentido..."

Mas essas coisas nunca fazem sentido, não é mesmo?

E todos os dias eu me questionava na varanda, enquanto chorava até perder quase todos os cílios...

Um dia, depois de fazer a mesma coisa por quase um mês – me apoiar na mureta e olhar para o céu para me sentir mais perto da Anna Rosa –, comecei a perceber partículas douradas flutuando no ar...

Era bem estranho e corri para pegar meus óculos, que eu havia deixado no meu quarto.

Queria ter certeza do que estava vendo.

Cheguei na varanda e coloquei os óculos.

Para minha surpresa, lá estavam elas, minúsculas gotículas douradas flutuando no espaço, brincando de correr de um lado para o outro, para cima e para baixo, cintilando e me enchendo de uma alegria inexplicável...

Perguntei ao oftalmologista o que isso poderia ser e a explicação foi "uma espécie de ilusão de ótica por causa do sol".

Talvez... Mas, para mim, aquilo tinha sido uma forma de comunicação, um aceno do mundo espiritual, um gostinho de felicidade, de imortalidade, sei lá.

Saí daquela manhã bem mais confortada.

Conversei com um padre franciscano, meu amigo, que me disse que essas partículas podiam ser entendidas como uma manifestação do meu inconsciente profundo, onde se aninha a imagem de Deus. Ou, talvez, quem sabe...

Bem, no fim das contas, ele me aconselhou a fazer uma terapia e acabei indo para o consultório de uma psicoterapeuta. Uma profissional dedicada e séria que me acompanhou por mais de dez anos.

Com ela aprendi a fazer minhas primeiras meditações.

E algo sempre se descortinava quando eu conseguia acalmar a minha mente.

Nos momentos finais da nossa consulta, ela tocava um pequeno sino, eu fechava os olhos e ela me pedia para descrever o que eu estava vendo.

A minha primeira visualização foi debaixo d'água, eu me deparando com uma montanha gigantesca que ia até o fundo do mar. Uma montanha que eu não conseguia ultrapassar.

E me vi descendo mais fundo para tentar compreender como eu poderia sair dali.

Foi simbólico.

Entendi que precisava mergulhar profundamente dentro de mim para conseguir, de novo, voltar à tona.

E assim fiz, por muitos anos.

No decorrer desses anos escrevi oito livros enquanto me atirava de cabeça no trabalho. Três livros de poemas, quatro livros infantojuvenis e o meu primeiro livro de crônicas.

Em uma de nossas últimas consultas, quando eu já estava no meio do meu processo de divórcio – aliás, amigável –, falei para minha analista do meu receio de ficar sozinha e de ter a responsabilidade de criar minhas meninas sem o pai delas ao meu lado.

Foi quando entendi que sempre temos que contar basicamente conosco para tudo na vida.

Precisamos estar preparadas, emocionalmente, psicologicamente e financeiramente.

A psicoterapeuta tocou o sino e me pediu para descrever o que eu estava vendo.

"Uma ponte", falei.

"E você não vai cruzar essa ponte?", ela me perguntou.

"Quero cruzar, mas estou com medo."

"Mas, se você não cruzar, nunca vai saber o que tem do outro lado."

E continuou: "Quem você gostaria de encontrar do outro lado?"

"Eu gostaria de encontrar um homem que me amasse pelo que eu sou, e não pelo que represento."

"Uma pessoa sofrida, e que eu pudesse ver todo esse sofrimento estampado em seu rosto."

"Um homem que tivesse se feito por si só, um *self-made man*", emendei.

"E que mais?", ela me perguntou.

"Bem, se eu pudesse escolher a idade, gostaria que ele tivesse, no mínimo, uns dez anos a mais do que eu."

"E, como você está pedindo tantos detalhes", falei sorrindo de olhos fechados, "também gostaria que fosse alto, louro, de olhos azuis e bonito".

Saí da sessão achando que seria impossível encontrar tal pessoa, que eu estava descrevendo um ideal que não existia na vida real.

Sem ter a menor ideia, eu tinha feito a descrição do meu futuro marido.

Grão de areia

Como dar um matiz verdadeiro ao que nos suga por dentro? Como desenvolver uma sensação de equilíbrio quando nos sentimos tragados pela areia movediça? A vida flui, e isto é uma certeza inexorável. Segue seu passo como se fosse um gigante brincalhão. Com um pulo pode dispersar tudo ou juntar todas as peças de uma vez. Alguém cordato e paciente pode até pegar uma carona nas asas do impensável porque viver cada grão de areia é apenas parte da aventura.

O Taiti é aqui

"Amor, eu vou morrer?", meu marido me perguntou deitado na maca que o levaria para a sala de cirurgia.

Com a maior convicção que podia ter naquele momento em que meu coração estava se despedaçando, respondi:

"Não, você não vai morrer porque você é um atleta. Não vai morrer porque eu te amo e você me prometeu que íamos voltar ao Taiti."

Ele olhou bem fundo nos meus olhos e disse: "Não vou morrer. Vou voltar para você e nós vamos ao Taiti."

Tínhamos criado o nosso código secreto de resistência.

Íamos sair dessa juntos.

Íamos para o Taiti!

Pude ver, enquanto nos despedíamos, que, naqueles olhos azuis que sempre acenderam a confiança em minha vida, a chama de resistência estava lá, intacta.

E iluminava aquela existência com determinação.

E foi com determinação e muita coragem que meu marido Carlos Arthur saiu dessa cirurgia grave de dissecção da aorta.

Ele nunca olhou para trás, nem para se lamentar nem para remoer o ocorrido.

Era 29 de novembro de 2004.

O Rio ia sediar os Jogos Pan Americanos de 2007 e ele tinha muito o que fazer.

Ficamos quase um mês no hospital.

Tivemos momentos difíceis durante sua recuperação, mas fomos cercados pelo carinho de médicos, enfermeiras, familiares e amigos.

Saímos do Hospital Samaritano no dia 23 de dezembro para passar o Natal em casa.

Aos poucos, Carlos Arthur foi se recuperando.

Primeiro, contando os passos que podia dar em casa, depois a quantidade de degraus que poderia subir e, por último, as voltas a pé, na rua.

Foram mais de três meses de muita disciplina e dedicação, qualidade que os atletas como meu marido têm de sobra.

Depois de uma semana, ele me disse que não ia mais tomar o remédio para dormir.

Parou e pronto.

E eu? Bem, aprendi a conviver com essa margem de segurança que é o fio da vida.

E com o fato de que não existem garantias...

O maior ensinamento que tirei de tudo o que passamos foi que precisamos ser verdadeiros com nós mesmos e acreditar nos nossos sonhos e ideais.

São eles que nos salvam, tenho certeza disso.

P.S.: Quatro anos depois voltamos ao Taiti.

Vida no estômago

Eu queria falar do sol e da chuva e de como os elementos me fazem sentir melhor o mundo. Mas acho que no fundo isso não passa de embromação. De que adianta estarmos presentes a um pôr do sol se não fazemos nada com ele? Tem gente que diz se alimentar da natureza. Eu me alimento das imagens e das emoções que me cercam. Dias que como tédio, outros, amor. Dias de pão e água, e de raiva. Dias de litros de compaixão. Meu estômago já absorveu pregos de paradas duras que enfrentei, mas não tenho como negar, a vida me deu sabores diferentes que me fazem pensar.

Mente briguenta

Em alguns momentos não consigo me encontrar nas palavras... Parece que elas me abandonaram, me deixaram vagando por aí, sem rumo. Às vezes penso que é castigo. Mas de que, se vivo delas? Não sei, parece coisa de desencontro de vida, de falta de simetria, de senso e bom senso, algo meio mexido e solto, sem consistência. Por isso, muitas vezes amaldiçoo a vontade de querer viver pregada com o sentido das coisas. De ter a obrigação de pensar na vida, de ser inteligente nas escolhas dos adjetivos e dos verbos, como se eles juntos pudessem criar um mundo ou fracioná-lo para ser melhor. Não existe essa bobagem de sermos merecedores de algo. Mas a verdade é que sempre acreditamos que o sol nasce pra gente, sim. E que a lua brilha para nos fazer sonhar. Que o mar é o nosso berço e que só não voamos porque quebramos nossas asas. E nada disso é real. O real está aqui, entre quatro paredes e numa caixa craniana que nos faz divagar... Sou o que minha mente diz e não existe ninguém que possa desmentir essa realidade.

As rosas do Dalai Lama

Minha memória às vezes me prega algumas peças... Acho que tenho um filtro que armazena alguns eventos da minha mente e os mantêm intactos, porém adormecidos, até que algo ou alguém os desperte.

Foi assim com o Dalai Lama.

Fazia anos eu não pensava, ou melhor, não lembrava que tinha vivido uma experiência singular com esse líder do budismo mundial.

Só me recordei do fato anos depois, creio que em 1999, em uma reunião com a equipe de uma produtora de TV de São Paulo.

A produtora em questão queria montar um programa comigo, estávamos, portanto, no estágio inicial, fazendo um primeiro encontro com todos da área de criação e de produção para formatarmos o programa que, aliás, acabou não deslanchando.

Ao final da reunião, uma das pessoas que participava do encontro se virou para mim, na frente de todo mundo, e disse bem alto:

"Marcia, você realmente não está se lembrando de mim. Mas eu nunca esqueci o que você me deu. Algo que tenho até hoje e guardo com o maior carinho."

Fiquei bastante intrigada pois não tinha a menor ideia do que poderia ser...

Foi então que ela abriu a bolsa e tirou da carteira uma pétala de flor bem amarelada e me disse: "Você me deu uma rosa do Dalai Lama quando ele foi visitar a Manchete, lembra? Desde então, eu trago uma pétala dessa flor sempre comigo!"

No primeiro momento eu não conseguia fazer as conexões, mas, subitamente, como um raio, tudo voltou à minha mente. Foi como um filme passando acelerado.

Era verdade! Eu realmente tinha dado uma rosa para aquela moça!

E eram as rosas do Dalai Lama!

Comecei a me recordar de tudo, e até mesmo agora, enquanto escrevo, as imagens são nítidas como se fosse ontem!

Estávamos na Eco 92 e eu tinha ido a São Paulo para uma reunião com a diretoria da Rede Manchete, onde, na época, eu trabalhava.

Cheguei à sede paulista e, quando me dirigi ao elevador, fui avisada pelos seguranças que ninguém poderia subir porque o Dalai Lama, que tinha ido fazer uma visita ao local, estava descendo.

Resolvi ficar esperando a passagem da comitiva do Dalai Lama junto com outras pessoas que também não podiam pegar o elevador para seus andares.

Todos se afastaram para dar passagem e ficamos posicionados perto da parede do vasto hall de entrada da emissora.

Não demorou muito, os elevadores se abriram e Sua Santidade o Dalai Lama surgiu em primeiro plano, carregando uma braçada de rosas brancas que deveria ter sido ofertada a ele.

Nós, que estávamos ali no hall, ficamos curiosos e animados de ver tão de perto aquele líder espiritual, uma personalidade mundial que encantava a todos com sua sabedoria e gentileza.

Para minha total perplexidade, vi o Dalai Lama sair do seu caminho e andar na minha direção.

Ele chegou bem perto de mim, me olhou nos olhos, sorriu e me estendeu o buquê de rosas dizendo: *This is for you* (Isto é para você)!

Emocionada, peguei as flores e agradeci, balbuciando um *thank you* incrédulo.

O Dalai Lama sorriu de novo, com aqueles olhos brincalhões e ao mesmo tempo penetrantes, fez um leve aceno com a cabeça e partiu.

E eu lá, segurando a braçada de rosas, meio em estado de choque, sem entender por que ele tinha feito aquilo.

Automaticamente, entrei no elevador e subi para o andar onde eu teria a minha reunião.

Ao chegar lá, passei por uma sala onde várias pessoas trabalhavam e, não sei por que, resolvi perguntar de súbito:

"Quem quer uma rosa do Dalai Lama?"

Muitas pessoas levantaram os braços, outras gritaram que sim e me vi passando por entre as mesas distribuindo as flores.

Guardei apenas uma comigo. Levei para casa e deixei-a adormecida durante anos na gaveta da minha mesa de cabeceira.

Quando me mudei, após o meu divórcio, infelizmente, ela se perdeu...

Mas aquela moça, na reunião em São Paulo, me fez recuperar uma história que, realmente, havia mudado a minha vida.

Pois, logo em seguida, comecei a ler os livros do Dalai Lama e a buscar mais intensamente um caminho espiritual.

Havia sido uma espécie de chamado para que eu me voltasse mais para minha vida interior.

Na volta ao Rio, na ponte aérea, escrevi uma oração que guardo até hoje:

"Que a Sabedoria Divina ilumine meus pensamentos,

Guie meus passos,

Toque meu coração,

Abençoe meu caminho e

Liberte meu Espírito.

Amém."

Luz incômoda

Vi uma luz brilhar em algum ponto, mas não sei se vou deixá-la neste lugar por muito tempo. Essa luz me alumia de um jeito estranho quando me olho no espelho. Diz coisas que me incomodam e me magoam. É uma luz que tenta provar verdades contra mim. Dizer do que foi e do que não foi com autoridade e perfídia. Não vou deixar essa luz vir pra cima de mim como se me entendesse e fosse minha dona. Sei que devo procurar outras sombras que me façam entender que essa luz, essa maldita luz, não passa de um suspiro que atravessou o meu caminho.

Yogananda

Muitas vezes não temos ideia de como uma coisa pode levar a outra e a outra e a outra...

Foi assim o meu encontro com Yogananda.

Digo "encontro" pois ele me acompanha há muitos anos em suas palavras de sabedoria e pensamentos crísticos.

Depois de ganhar rosas do Dalai Lama, me aproximei cada vez mais da milenar sabedoria oriental.

E não foram somente os livros do mestre tibetano.

Há anos minha amiga Vicky, que mora em Nova York, me falava do Paramahansa Yogananda, o mestre indiano que tinha levado a prática da ioga para os Estados Unidos.

Yogananda fundou a Self-Realization Fellowship em 1920 com o objetivo de difundir seus ensinamentos, e a organização se espalhou por todo o mundo.

Muitas universidades americanas têm os livros do mestre indiano em suas bibliotecas. Entre eles, o que considero mais emblemático se chama *Autobiografia de um iogue*, que encontrei, por acaso, em uma loja que já nem existe mais em um shopping na Gávea.

Fui comprar velas de decoração, acabei entrando nessa loja de santos e livros espiritualistas e, ao me apoiar no balcão, esbarrei na biografia de Yogananda, em português.

O livro ficou um bom tempo guardado até que eu tive dengue pela segunda vez!

Isso mesmo. Pela segunda vez.

A primeira tinha sido em 1990, após o lançamento do meu livro *Uma aventura ecológica*, no Parque Lage.

Foram mais de quatro horas de autógrafos ao ar livre e, logo depois, caí com a dengue.

Mas agora tinha sido diferente.

Era 2001 e eu morava no Leblon. Ao redor de nossa casa existiam muitas obras e, como se sabe, obra com poça d'água tem como resultado a proliferação do mosquito da dengue.

Comecei a me sentir mal, muito mal...

Só ficava no quarto à meia-luz, pois os olhos doíam, a cabeça doía, o corpo todo doía, e eu estava toda avermelhada, como se estivesse com um supersarampo...

Os exames não deixaram dúvida. Era dengue e eu me sentia um bagaço...

Para me distrair – pois não aguentava nem ver televisão –, comecei a folhear a autobiografia de Yogananda.

Somente quando eu já estava no meio do livro me dei conta de que tinha começado a ler a autobiografia no dia do aniversário da morte dele: 7 de março.

Foi uma leitura que me levou para um outro mundo, onde a desmaterialização era uma realidade.

Um mundo de gurus e mestres.

Minha mente, agradecida, divagava por aquela realidade fantástica da Índia e pela história de um menino que cresceu com a missão de levar uma mensagem de amor e fraternidade aos homens do Ocidente. E de popularizar a prática da meditação e da ioga.

Toda vez que abria as páginas do livro, eu embarcava em uma viagem pelo tempo material e imaterial que Yogananda narrava e me esquecia das dores do corpo.

Foi nessa situação que me lembrei de uma conversa com duas amigas sobre uma incrível homeopata.

O problema é que o consultório dela vivia lotado e era quase impossível conseguir marcar uma consulta.

Durantes as longas tardes na cama, resolvi "conversar" com o mestre Yogananda, como se ele fosse o meu guru. Eu tinha lido tantas estórias impossíveis na trajetória de sua vida... Então, pedi muito que ele me ajudasse nessa tarefa, pois eu acreditava que a homeopatia era o meu caminho.

Depois de mais um dia angustiante, com a dengue parecendo piorar, era o que me restava fazer. Liguei e me identifiquei como uma amiga da Joy, que era cliente da homeopata. Mas não havia nenhum horário disponível.

Para dificultar as coisas, eu tinha me tornado superalérgica a medicamentos alopatas depois que sofri a fratura de minha mandíbula ao extrair, acreditem!, um dente de siso.

Fui, literalmente, entupida de analgésicos e calmantes pelo dentista que fez a extração durante dez dias. Valia tudo para mascarar a dor que me deixava desesperada.

Meu médico na época me recomendou tirar uma radiografia na clínica São Vicente. Laudo: fratura de mandíbula.

Procurei um especialista e fui parar na clínica do Dr. Pitanguy.

Outra radiografia e o mesmo laudo: fratura de mandíbula.

O tratamento era radical: imobilização total.

Anestesia geral para passar os fios de aço na raiz dos dentes, colocação da mandíbula no lugar e elásticos nos dentes de cima e de baixo para fazer a tração e manter tudo firme.

Passei 45 dias amordaçada, sem abrir a boca para nada, me alimentando de uma sopa rala por uma seringa!

Emagreci nove quilos nesse regime forçado e li mais de trinta livros, entre eles, toda a coleção de *Os reis malditos*, do escritor francês Maurice Druon!

Minha alternativa a este tratamento seria deixar tudo como estava.

Isto é, sofrer mais dores, tomar analgésicos e calmantes sem parar e, aos poucos, ir consolidando um calo ósseo que me deixaria com o rosto torto.

Por tudo isso, eu acreditava que a homeopatia era o meu caminho.

A segunda dengue foi muito mais forte que a primeira.

Meu corpo parecia estar sendo mordido por milhões de abelhinhas e eu passava os dias ou na cama à meia-luz ou na banheira de água fria para aliviar as agulhadas.

Finalmente, depois de dois dias, recebi uma ligação do consultório da homeopata que me deu vida nova.

Uma cliente de São Paulo havia cancelado a vinda ao Rio e, se eu pudesse chegar em meia hora...

Ao entrar na antessala da médica me deparei com uma série de fotos, bem pequenas, aliás, de gurus indianos, entre eles Yogananda e... Jesus!

As fotografias desses mestres estavam na mesa da atendente que, vim a saber depois, era tia da médica.

Não resisti e contei que estava lendo a *Autobiografia de um iogue* e, apontando para as fotos, perguntei se não era ele bem ali.

Ela sorriu e confirmou que ela e a médica eram "ligadas" a Yogananda. E me disse que se eu estava ali era porque ele deveria ter ajudado mesmo.

"Essa cliente nunca desmarcou uma consulta!", comentou com certa cumplicidade. "E olha que ela vem aqui há anos! Hoje de manhã, para minha surpresa, ela ligou dizendo que tinha surgido um imprevisto e que não poderia vir de São Paulo. Fui falar com a Miria, pois nós temos uma lista de espera enorme, mas ela foi logo me dizendo: 'Chama aquela amiga da Joy que está com dengue.'"

A árvore mãe

Jamais me esquecerei da primeira vez que realmente tive vontade de abraçar uma árvore, mas vontade mesmo, com emoção e comunhão entre os seres.

No final dos anos oitenta e começo dos noventa, pessoas faziam disso uma espécie de conexão com a natureza. Um ato simbólico obrigatório.

Era um sinal de que a pessoa estava do lado dos ecológicos, dos "politicamente corretos", em defesa do verde.

Um amigo que ajudou a formular o pensamento chamado ecoteologia me fez abraçar uma árvore na Floresta da Tijuca.

Ele sempre foi um ardoroso defensor do planeta e queria que eu experimentasse essa sensação.

Passei minha infância em férias maravilhosas nas fazendas de amigos de meus pais, perto de Campos, no estado do Rio de Janeiro.

Fui muito moleca.

Montei a cavalo, em pelo e com sela, tentei cavalgar ovelhas e bodes, toquei boiadas com outras crianças por entre prados e poças enormes de água; enfim, tive uma infância muito ligada à natureza.

Mas nunca tinha me dado conta de que não era tão apegada assim para, verdadeiramente, ficar abraçando o verde.

Abracei a árvore que o amigo ecoteólogo me indicou, mas fiquei muito mais preocupada em observar se havia formigas e outros bichos por perto do que em curtir aquele momento. Não gosto nenhum pouco de aranha e insetos...

Acabei achando que não tinha em mim esse amor tão fraternal assim pelas frondosas...

O tempo foi passando e eu nem me lembrava mais disso quando fui trabalhar pela TV Bandeirantes nas Olimpíadas de Sidney, na Austrália.

Minha proposta era fazer um programa de reportagens sobre o comportamento dos australianos em comparação com o dos brasileiros.

Um programa diário, de meia hora de produção, para ir ao ar depois dos eventos esportivos, bem no final da noite...

Cheguei com minha equipe uns vinte dias antes dos Jogos para gravar tudo. Comprei livros sobre a cidade e sua história, e fomos em frente.

O que me vem à memória, e conforta, foi a união da minha equipe jornalística e o esforço diário que fazíamos para colocarmos no ar, toda noite, o programa que se chamava *Livre Acesso*.

Trabalhávamos o dia inteiro e os rapazes – Marco Aurélio e Ricardinho – ainda varavam a madrugada editando, uma doideira!

Cobri corrida de camelos e de siri, entrevistei a verdadeira transformista que inspirou o filme *Priscila, a rainha do deserto*, mostrei a Bondi Beach e sua famosa pedra de várias toneladas que foi levantada por um tsunami no início do século XX, mas nada parecia movimentar a audiência.

Um dia decidi dar mais uma olhada em um dos muitos livros que eu havia comprado sobre a cidade e dei de cara com um museu sobre a primeira santa da Austrália, Mary Mackillop, que nasceu em 1842 e morreu em 1909.

O museu tinha sido criado por um produtor de televisão e era todo interativo e eletrônico.

Parecia uma ideia diferente e lá fomos nós.

Encontramos um misto de Disney com o que havia de mais moderno e *high-tech*.

Foi inesperado ver o cenário de um naufrágio em tamanho natural e um quarto do convento com bonecos do tamanho de uma pessoa representando Mary Mackillop ao dar seus últimos suspiros, tudo com som e *lumière*!

Também filmamos uma maquete da cidade de Sidney no século XIX. Ao apertar um botão, acendia uma luz em um determinado lugar do então povoado, enquanto uma voz contava os feitos da santa naquele local.

Ah, e o que mais gostei: os santos falavam, uma mistura surreal de imagens sacras e robôs. Eram eles que contavam a história de Mary Mackillop!

Gravamos tudo e resolvi que queria rezar na capelinha onde se encontravam os restos mortais da santa. Eu estava precisando de um pouco de paz, de conforto...

Para minha surpresa, quando entrei vi uma freirinha consolando uma mulher que chorava desesperadamente em um dos bancos no fundo da capela.

Esperei a mulher ir embora e fui perguntar o que havia acontecido, pois a cena havia me tocado profundamente.

A madre me explicou que aquela mulher era uma psicanalista que não se perdoava porque um paciente dela tinha se suicidado. A mulher se culpava por não ter percebido os sinais.

"Imagina que ela vem aqui todos os dias, sempre no mesmo horário, já faz um ano..."

Entendi. Eram os sinais.

Mais uma vez, a vida me alertava para a importância de aprendermos a reconhecer os sinais.

Seja para tentarmos impedir grandes tragédias ou para olhar para os céus e agradecer as bênçãos, temos que aprender a ver os sinais...

Depois que o programa da santa foi ao ar, minha sorte mudou.

Começamos a ganhar audiência e viramos o jogo.

E uma das bênçãos que recebi neste momento profissional foi abraçar uma árvore.

Isto mesmo. Um enorme baobá, pançudo e gigante, no jardim botânico de Sidney.

Fui fazer uma reportagem sobre o lugar e, quando o vi, foi amor à primeira vista!

Nunca pensei que pudesse me apaixonar por uma árvore... mas aquela era única.

Ela se mostrava carinhosamente humana com suas formas arredondadas, os galhos orgulhosos voltados para cima em direção ao céu e aquele ventre prenhe de vida!

Abracei aquele baobá como poucas vezes abracei qualquer coisa viva.

Aliás, para mim – que estava penando para emplacar o meu programa e, ao mesmo tempo, tendo que lidar com tantas pessoas complicadas –, aquele baobá era a encarnação da *Magna Mater*, a grande Mãe, amorosa e poderosa!

E, vocês sabem, abraço de mãe cura tudo.

P.S.: De filha também.

Bravuras

Não tem agonia nem melancolia, melodia. Sempre gostei de rimas em versos, como se as rimas fossem a direção do poema. Pode parecer um *blind date* literário, mas às vezes dá certo. Amor com pudor, feliz com anis, mamão com balão e por aí vai... O ridículo nisso tudo é buscar o sentido ao juntar palavras que aparentemente não são nada entre si. Não se comunicam, nem se entreolham, não dizem coisa nenhuma... Palavras não precisam conhecer seus pares ou acompanhantes. Palavras podem vir soltas e serem indomáveis, até beligerantes. E conter bravuras no ser e no saber de seus sentidos inalienáveis.

Em benefício dos seres

"O homem se move, mas Deus é quem o conduz", repetiu um padre jesuíta, na capela da PUC-RJ, durante a Adoração ao Santíssimo Sacramento.

Era um sábado de setembro, e o papa Francisco pediu para que todos rezassem em intenção de "nossos irmãos da Síria", país devastado por uma guerra civil que já havia tirado a vida de milhares de pessoas.

Um ato de amor de um papa que veio para mudar a relação entre os povos e as religiões, graças a Deus!

Achei que tinha que rezar pela Paz e que seria um momento especial fazer parte desse movimento.

Eu já tinha vivido a emoção da Jornada Mundial da Juventude aqui no Rio, com mais de três milhões e meio de pessoas na Praia de Copacabana fazendo um minuto de silencio a pedido do papa.

Só se ouvia as ondas do mar...

Mas, nesta manhã de setembro, quando cheguei para a oração, vi que éramos bem poucos. Nem por isso desanimei. O que conta também é a qualidade da oração, pensei.

Eu me lembrei de minha filha Anna Rita, advogada, que faz parte de um grupo que medita pela Paz no mundo. Quando falei que ia para a igreja na manhã no dia seguinte para rezar pela Paz, ela me disse que também ia acordar cedo naquele sábado para meditar, via Skype, com vários participantes, pelo mesmo motivo: a Síria.

Esse mundo realmente não para de me surpreender.

Existem tantas pessoas envolvidas em fazer o bem, em ajudar o planeta de maneiras tão diversas, que nem nos damos conta.

Talvez elas não sejam uma maioria barulhenta, mas silenciosamente prestam um serviço precioso em benefício de todos os seres.

Sempre rezei pedindo proteção para minha família e para mim, mas, de uns tempos pra cá, percebi que a minha consciência tinha mudado.

Tenho orado e meditado para que o céu seja sempre azul, que o mar com sua generosidade nos abasteça, que as plantas nos mostrem a sabedoria do verde em nossas vidas, que as aves e todos os animais possam dividir conosco esta Terra imensa e que os homens se olhem nos olhos e se perdoem, pois, sem o perdão, nada pode funcionar.

E onde entra Deus nisso?

Pois é, os homens se movem, mas acredito que temos que confiar em Deus.

É Ele que nos conduz, tenha o nome que tiver.

Um dia seco

Hoje foi um dia de nada. Começou meio como quem não vem e, este dia, realmente, não foi. Não foi por aqui, não foi por ali e, quando eu vi, já tinha ido. São dias de folha seca, de vento parado, abafado pela maneira sonolenta das tardes e das manhãs. Mas não posso me queixar quando vejo o sol entrar pela minha vista e clarear os cantos mais mofados de minha mente. Espero que as engrenagens do meu cérebro acordem, pois o dia não acabou, eu não acabei, nem o mundo pifou. Tem sido uma experiência estranha se saber tão sobressalente e ao mesmo tempo tão necessária na vida dos outros e dos meus. Agora, de noite, ouço a chuva anunciando sua água sem perdão. Vem torrente, vem mais um rio caudaloso do céu, e eu me pergunto: a minha seca, quando acabará?

Onde encontrar o poder da entrega?

Hoje acordei me sentindo uma ínfima parte de mim mesma.

Como se meu corpo fosse um apanhado de pedacinhos tentando desesperadamente se agrupar em torno de mim, como se o poder de atração dos átomos estivesse se desmanchando e eu fosse desaparecer no ar.

Essa sensação de se perder de si próprio é quase inebriante. Ela nos leva para uma zona cinzenta, onde somente o nosso pensamento nos alcança com a velocidade do raio. Mas, como a vida é difusa e sem ritmo nessa hora, parece que estamos em câmera lenta, sendo tragados por uma onda mental que não tem fim.

Nesse mundo subaquático de emoções profundas que não controlamos, vivemos quase sufocados pelos anseios que sabemos que não poderemos alcançar. E novamente nos voltamos para dentro de nós, achando que dessa forma vamos conseguir colocar a cabeça de fora, mas isso não acontece.

Sei que a vida é feita de sonhos, metas, desejos e anseios, mas o que me deixa perplexa é que nem sempre somos totalmente os donos da nossa história.

Sei também que não adianta nenhum tipo de revolta, pois a caminhada exige um passo depois do outro, depois do outro, depois do outro e isto é intrinsecamente penoso.

Já vivi muitas situações nas quais tentei ter o controle de tudo, tentei lutar pelo melhor, tentei o menor sofrimento para todos e me vi, muitas vezes, derrotada pela simples realidade do imponderável que a vida nos traz. O desvario das emoções, os jogos de manipulação, as agendas secretas, as perversidades cotidianas...

Sinto-me cansada, muito cansada, e sei que a luta está só começando. Preciso reunir as forças que ainda não consegui identificar dentro de mim. O pior é que me sinto me perdendo, me desfazendo, como se algo estivesse me dissolvendo por dentro e me levando para um lugar ao qual não quero ir, no qual não quero estar, não quero ser...

Sei que existem motivos e razões, luto contra esses sentimentos de dispersão e perda, mas está ficando cada vez mais difícil.

Tenho medo, e isso me apavora. Tenho medo e isso me descontrola. Tenho medo e isso me deixa extremamente triste.

Queria voltar a confiar como antes e não me decepcionar. Mas ainda não estou conseguindo dar este salto que dizem ser quântico. Sei que tenho que fechar esta porta que se abriu em meu emocional e que está me levando para a arrebentação.

Sei que preciso tentar e rezar. Preciso rezar mais e me entregar a um Maior. Preciso sentir realmente o poder da entrega total e sem reservas.

Espero em Deus que eu consiga.

Um ninho no caminho

Tentei dormir, mas uma inquietação tomou conta da minha cabeça e virou um maremoto de pensamentos contínuos... Extremamente angustiante essa sensação de não poder desligar.

Muitas vezes fico revoltada com a minha impotência diante da insegurança com o futuro, o início de todas as marés que varrem minha mente.

O que vai ser, o que vai acontecer, como vou fazer...

São indagações que sempre me atormentam se eu abro uma brecha em meu espírito.

Não quero me sentir uma covarde diante da vida, até porque não tenho motivos para isso. Mas, então, de onde vem esse friozinho na barriga, essa sensação de perder o chão e de não conseguir sentir o mundo real com olhos otimistas?

E, pior, se eu não me policiar, começo a abrir a guarda para esse pânico malandro que finge ser pequeno para insidiosamente tomar algumas posições dentro de mim que, sei, serão difíceis de expulsar...

Sempre me julguei uma pessoa coerente, lutadora e objetiva com relação à vida, mas, de uns tempos pra cá, me sinto um pouco ioiô dos acontecimentos; parece que estou me dando um tempo, mas um tempo para quê?

A mulher que habitava em mim, aquela que trabalhava loucamente e que se sentia profundamente culpada se não estava produzindo, deu lugar a uma pessoa que deixa o tempo passar... Simplesmente deixa o tempo passar...

Não sei se isso é sintoma de depressão, de idade ou, quem sabe, de alguma sabedoria de vida cujo sentido exato ainda não consegui identificar.

Se é alguma forma de amadurecimento, por que me sinto tão à deriva?

Por que me sinto tão em falta comigo mesma?

Queria estar mais pronta, mais inteira para a vida.

Mais alerta para minhas atividades, mais eu!

Só não sei onde encontrar essa pessoa que eu costumava ser...

Talvez eu precise me acostumar ao meu novo eu, esse alguém já não tão ansiosa para provar nada, esse alguém que já viu bastante coisa e que agora quer aproveitar o ócio de ser como é, e pronto!

Mas, então, por que não se sentir plena nesse momento?

Por que passar o tempo querendo ganhar forças para ser o que eu era antes... Como achar a medida certa desse novo eu?

Acho que esse dilema de nos encontrarmos em nós mesmas sem nos perdermos do que fomos, mas ao mesmo tempo ir construindo um novo eu para envelhecermos, sem dúvida, é um grande desafio.

Quantas de nós se perdem no caminho?

Quantas de nós se aconchegam nesse ninho?

Música para curar feridas

"Acho que vou ficar com medo de avião", pensei, ao enfrentar mais uma turbulência cruzando os ares...

Mais um voo, só mais um..., eu tentava me convencer de que não estava ficando neurótica... Não, eu só estava estressada.

Exercitei a entrega durante anos. Precisava acreditar e ter fé.

Fé em Deus, e nos homens.

Mas quantas vezes ouvimos que os desígnios de Deus estão muito além da nossa compreensão?

Era isso que eu temia e ao mesmo tempo confiava.

Era um jogo duro comigo mesma. Eu acredito e não faço planos.

Brincava de espadachim com a minha mente.

Às vezes, me via acordando no meio da noite e indo ao banheiro ler meus livros de pensamentos e milagres para acreditar no impossível.

Eu queria algo para me confortar, um alento para poder dormir e, de novo, confiar no futuro.

Era um exaustivo exercício mental, mas e o corpo?

Ele, que é apenas matéria, sentiu mais o tranco.

Em três anos, de 2008 a 2010 foram três internações: uma pedra no rim e duas cirurgias para retirar gigantes cistos de água de cada um deles. Os dois rins.

Segundo minha acupunturista, que me acompanha há séculos, tudo que temos no rim é fruto do medo.

Perdi a conta das inúmeras vezes em que adentrei no consultório dela, acabada e com toneladas de estresse em cima de mim, e ela, com suas agulhas milagrosas e palavras de conforto, fazia tudo desaparecer...

Esse companheiro indesejável, o medo, estava sempre escondido lá no fundo da minha mente, perturbando o meu corpo e me tirando a paz de espírito...

Também ouvi do médico que a maioria das pessoas tem esses cistos e nem sabe que eles existem, pois eles são minúsculos. Só que os meus eram bem crescidinhos, tinham o tamanho de limões!

Precisei trabalhar o medo.

Aliás, desde pequena sempre fui medrosa.

Recordo-me de me olhar no espelho quando ainda era uma criança e de me perguntar: E aí, o que você vai viver?

Como se a vida fosse apenas uma escolha... É isso, não é isso... Mas a gente aprende essa dicotomia mesmo é na carne.

Foi nessa época que também comecei a ouvir música religiosa e até descobri um CD do tenor italiano Andrea Bocelli, somente de Ave Maria.

Ao ouvir aquela voz me baixava a maior emoção...

Com Bocelli comecei a apreciar as músicas sacras, orquestradas, os corais... A me embalar no som dos órgãos de igrejas e seus intérpretes.

E também aprendi a confiar mais no futuro ao ouvir inúmeras vezes o CD de minha amiga Clara, que tem uma voz que ora junto com nosso coração ao cantar por exemplo: "Aquilo que parecia impossível, aquilo que parecia não ter saída..."

Com a música sacra consegui lamber muitas feridas, cicatrizar o que estava fendido e trabalhar a emoção contida.

Caudalosa

Existem algumas obviedades no fato de nos sentirmos estagnadas. O tempo passa, os minutos se esvaem e pouco ou nada muda radicalmente. A sensação é de uma câmera lenta na alma, como se o seu braço demorasse alguns segundos a mais para se esticar e alcançar qualquer coisa e, este movimento, fosse quase um ato reflexo, sem vontade ou decisão. Assim como as pernas, como se elas se movimentassem por osmose ou outra analogia sem fricção, apenas com uma inexorável lentidão. Olho pra mim e vejo meu corpo em ordem, faço o que tenho que fazer mas sinto que algo em mim se partiu. Não sei se foi a ausência de minha própria vida ou se foram os sonhos que vivo acordada e que se dispersaram. E me pergunto se eles são os responsáveis por essa sensação de flutuar na realidade...

Os sonhos não são de concreto, mas eles cimentam nossas expectativas para o futuro e neles devem estar as flores que pensamos um dia poder colher.

A tarefa do tempo

Hoje em dia tenho tempo. Tenho tempo para pensar e refletir, tempo para jogar fora e tempo para me esconder... Tenho tempo e temo o tempo. É um temor estranho, que me causa uma vertigem angustiante de perceber que o tempo está passando e algumas coisas ficaram para trás e outras vão se aproximando. Não posso reclamar do tempo. Tenho uma imensa gratidão por tudo o que ele já me deu. As chances de viver, sofrer e ser feliz. Os momentos de choro e riso, de me sentir a primeira e de me sujeitar aos piores sentimentos de negação de que nada vai dar certo. Sei que sou uma privilegiada moradora desse tempo que divide o ontem, o hoje e o amanhã. Mas não tenho a capacidade onipresente de ser múltipla e instável nem de ser perene e estável. Esse intervalo entre dúvidas e certezas é que me consome, mas, no fundo, agradeço a todos esses momentos de angústia que identificam quem sou, apesar de já ter sido e, que assim seja, ainda serei.

Unicórnios

Os sonhos sempre nos trazem algum ensinamento, é o que a psicologia nos diz.

E, por anos, depois que parei de fazer análise, achei que os sonhos simbólicos tinham me abandonado.

Tudo de que me lembrava quando acordava eram cenas difusas, que não davam para compor um quebra-cabeça que me fizesse entender o significado daquele momento da minha vida.

Mas dois sonhos ficaram marcados em minha mente.

O primeiro aconteceu em agosto de 2008, em Nova York.

Era um lugar lindo, um campo verdejante e, de repente, uma manada de unicórnios brancos aparece cavalgando com grande energia e alegria, saltando e brincando uns com os outros, uma cena fantástica e surpreendente!

E o mais surreal de tudo: quando dei por mim, lá estava eu, cavalgando um deles, livre, leve e solta, correndo em direção a um gigantesco lago!

Foi um dos momentos mais lindos com que meu inconsciente profundo já me premiou.

Minha primeira reação foi tentar entender o significado desse ser mitológico.

Segundo a escritora Monica Buonfiglio, "o unicórnio é o símbolo do poder da alma nos estudos espiritualistas. Durante a Idade Média, na iconografia cristã, o unicórnio se transformou no símbolo da encarnação de Deus no seio da Virgem Maria, ou seja, a virgem fecundada pelo Espírito Santo. Na China, o nome do unicórnio é *Ki lin*, símbolo da mansidão e da boa sorte. Esta designação representa o masculino-feminino, o *yin e yang*, uma caracterização também aceita no Ocidente. Embora seja um animal de histórias e de lendas, ele aparece em quase todas as culturas, simbolizando as qualidades que o ser humano ainda precisa ter: retidão e paz de espírito para conquistar seu caminho evolutivo. Este animal mitológico representa a pureza da alma, o inconsciente do homem, a força, a retidão e a palavra de Deus".

Achei tudo maravilhoso, mas como aplicar isso na minha vida?!

Liguei para uma amiga que é uma espécie de mestra. Além de cuidar da nossa energia e do equilíbrio de nossos chacras, ela também dirige pesquisas na Universidade Federal do Rio de Janeiro sobre os benefícios da homeopatia em pessoas intoxicadas por agrotóxicos.

Contei meu sonho com os unicórnios e ela soltou uma sonora gargalhada!

E logo emendou: "Mulher, você sonhou com uma manada de unicórnios! Não acredito! Tem gente que passa a vida querendo sonhar com apenas um deles." Falava enquanto ria demais. "E você vai logo sonhando com um bando..."

"Mas o que isso significa?", eu quis saber.

"Você está em crescimento espiritual. E o unicórnio está sinalizando isso. Você vai ficar bem! Que lindo, uma manada de unicórnios", ela ria, se deliciando com a história...

A partir daí, passei a me ligar com o Unicórnio.

E, por essas coincidências inexplicáveis, minha professora de ioga, que tinha acabado de voltar de uma viagem à Índia, me trouxe uma "lembrancinha" de sua escala em Paris. Um miniunicórnio de plástico, uma espécie de brinquedo de conto de fadas.

Adorei e coloquei o pequeno animal mitológico na minha mesa de cabeceira.

No final de setembro de 2009, eu estava na Dinamarca, visitando o castelo que foi a inspiração de Shakespeare para escrever uma de suas peças mais famosas: *Hamlet*.

Ao final do tour fui checar a lojinha do museu. Adoro lojinha de museu...

E lá encontrei livros sobre o castelo e muitos brinquedos para crianças. Caixas e caixas de cavaleiros da época medieval, donzelas, exércitos rivais, reis, príncipes e princesas...

E, em uma das caixas, cavalos de todas as cores ornados com os símbolos e brasões da realeza.

Sem muito pensar, enfiei a minha mão bem no fundo da caixa como quem faz uma pescaria e eis que puxo, lá de baixo, um unicórnio branco com uma borboletinha azul e rosa na crina.

Achei uma graça e resolvi comprar, mas fiquei pensando naquele que eu já tinha. Ao chegar em casa, constatei que os unicórnios eram exatamente iguais, com uma pequena diferença: a borboleta.

Percebi, então, que eles formavam um par. A união das identidades.

A completude. E tudo, mais uma vez, fez todo o sentido.

Enigmas

Escrever para pensar melhor... sempre acreditei nisso. Mas, e se escrevêssemos para nos confundir mais ainda e com isso pudéssemos entrar em mundos literários paralelos? Um mundo onde só existisse algo como literatura quântica?! Algo que desvendasse o valor real dos pensamentos, os flashes da mente, as sinapses que correm por bilhões, ou melhor, trilhões de caminhos impossíveis de serem desenrolados? Quero saber como é digerir o óbvio e assimilar o banal sem corroer o meu pensamento e sem alienar a minha emoção. Como fazer isso com os sentidos em ordem e as funções a toda? Um pensamento até o sol para quem trouxer a resposta!

Dragões

Como já escrevi antes, dois sonhos simbólicos me marcaram nos últimos cinco anos.

O primeiro foi com Unicórnios.

O segundo, com Dragões.

Sempre no plural...

Sonhei com dragões chineses, brancos e peludos, voando pelo céu.

Um verdadeiro festival folclórico pelos ares!

Os dragões voavam acima dos prédios, com homens montados em seus pescoços, agitando bandeiras coloridas de amarelo, verde, azul... Não me lembro quantos eram, mais de cinco, com certeza.

O sonho era uma comemoração, como se os dragões estivessem em um desfile alegórico, participando de uma escola de samba nas nuvens!

E eles deslizavam pelo firmamento, fazendo malabarismos sobre a cidade e não aterrorizavam ninguém.

Achei o sonho uma metáfora de algo bom e positivo, mas, como não entendia nada de dragões, acabei ligando de novo para a mesma amiga que havia explicado o significado do meu sonho com os unicórnios, a médica homeopata.

Ela repetiu que eu estava passando por um processo de transformação pessoal e que esses animais mitológicos eram um ótimo sinal.

Mais uma vez, ela soltou aquela gargalhada gostosa e disse: "E não é apenas um dragão, não, são vários! Mulher, que sorte!"

Segundo a tradição oriental, o animal é o "símbolo da proteção divina".

Além de ser também considerado "um ser supremo entre todas as outras criaturas, o dragão chinês representa a prosperidade".

É uma criatura do Bem, oposta ao conceito ocidental segundo o qual o dragão representa algo maligno.

Quem não se lembra de São Jorge matando o dragão?

O dragão chinês simboliza "a ligação entre os homens e o mundo espiritual, um elo mágico, e não uma guerra constante entre o Bem e o Mal".

Bem diferente dos dragões destruidores e malignos que povoam histórias e lendas medievais na cultura ocidental.

O dragão chinês é um ser da natureza que controla as águas e não cospe fogo de jeito nenhum!

Adorei ter sonhado com esses alegres seres!

No turbilhão de emoções e preocupações que eu vivia, agradeci aos céus por mais esse recadinho do meu inconsciente profundo, onde, segundo Jung, se elaboram os grandes sonhos, aqueles que orientam nossa busca da identidade verdadeira.

Era como se ele estivesse deixando pistas de que tudo iria acabar bem.

Mas eu precisava acreditar. Ter fé.

Mesmo com dragões e unicórnios nos meus sonhos, sentia a necessidade de algo que me mostrasse que eu estava amparada espiritualmente nesta caminhada e chegando ao mais profundo de mim mesma.

Comecei a meditar muito.

Em hotéis, no avião, sempre que podia...

Levava meu iPod para escutar músicas que me fizessem sair da angústia e me levassem para outra realidade, onde eu podia ouvir a minha respiração e as batidas do meu coração.

E como ele batia...

"Guenta, coração, guenta!", esse era o meu mantra.

Sem ressalvas

E o que dizer do amor e do amar?

O que fazer quando nos encontramos reféns de um sentimento que não nos liberta sem temermos o imponderável do futuro?

Mas não tem jeito. Aprendi que sem amar nada vale a pena.

Nossos pesares nos acompanham, seja pela vida, seja pela eternidade, queiramos ou não.

Não sou masoquista, mas acredito piamente nas dores do sentimento.

Quantas vezes nos escondemos de nós mesmos ao evitarmos falar de algo que nos toca?

Uma fuga que não nos leva a lugar nenhum...

Então, como sobreviver à solidão ou à velhice? – você pode me perguntar.

Temos que nos despojar das inutilidades da vida que estão sempre ao nosso redor.

Penduricalhos e aviamentos de algo que não somos nem queremos ser.

Aceitar e compreender sempre foram os verbos-chave do coração.

Mas como deixar esse órgão pulsante livre para poder escolher entre sofrer ou sorrir?

Acredito que nossos corações sorriam de verdade quando nos amamos.

E nos acarinham muito mais do que quando amamos apenas o outro.

Uma das coisas mais difíceis de se fazer é se amar, completamente.

Amar a si mesma, sem desprezo, desespero ou cobranças.

Amar-se, livremente, com todos os nossos erros e imperfeições...

Se é difícil fazermos essa doação ao nosso próprio coração, como cresceremos no coração do outro?

Como chegaremos lá, no fundo de um outro ser, se não nos alcançamos em nosso próprio existir?

São Miguel

Em todos os momentos difíceis de minha vida, sempre me senti protegida por São Miguel Arcanjo. Não lembro bem quando começou essa minha devoção, mas, em alguns episódios que vivi, senti sua presença marcante ao meu lado.

Uma vez, andando e rezando o terço no calçadão da praia de Ipanema, num dia claro, me senti, subitamente, frágil, como se algo ou alguém estivesse me agredindo.

Eu tinha acabado de passar por um homem com uma péssima aparência, bêbado e bem sujo, caído na areia da praia. Ao invés de ter repelido o pensamento daquela figura, eu tinha ficado penalizada com o seu estado.

Desejei poder ajudar essa pessoa. Ao mesmo tempo, me senti aliviada e segura da diferença que nos separava. Como se eu fosse uma pessoa que estivesse na luz e ele, na escuridão.

Foi nesse momento de soberba, de me sentir muito além daquele miserável jogado no chão, que acusei o ataque.

Primeiro senti uma dor nas costas, uma dor aguda como uma punhalada.

Em seguida, minhas pernas fraquejaram e fiquei tão enjoada que precisei sentar num banco da praia porque achava que ia desmaiar...

Uma profunda ânsia de vômito tomou conta de mim. Enquanto meu corpo se debatia com esses sintomas, minha mente buscava uma saída e uma razão para tudo aquilo.

Num instante, lá estava eu, poderosa e generosa e, no seguinte, era com se eu fosse um graveto insignificante...

Olhei para trás e pude sentir uma energia pesada vindo em minha direção.

Mas o que foi isso?, meu cérebro me questionava.

Como pude reagir dessa forma a algo que nem era palpável?

E este homem? Não havia nada de extraordinário nele.

Parecia um molambo de gente, maltratado pela vida, alguém despossuído de sua dignidade, vitalidade e identidade. Ele era apenas um retrato da desolação, da dor e do abandono... Um pobre coitado, pensei...

E eu, o que significava este embate?

Se não era algo emanado daquele homem, deveria ser algo que se manifestava através dele e que, involuntariamente, provoquei e atraí para mim, pensei.

Naqueles breves instantes de perplexidade e medo, tomei consciência do que eu tinha detonado com a minha atitude onipotente.

Ao me posicionar como alguém muito superior àquele miserável, acreditei ter algum "poder" por me achar melhor do que ele, melhor do que eu era...

Inadvertidamente, entrei no perigoso jogo da escuridão.

Quando me percebi desamparada e sem forças, invoquei São Miguel Arcanjo.

Me ajuda e me perdoa por me achar maior do que sou!, pedi.

Logo após o meu apelo arrependido, o enjoo foi ficando mais fraco, minha respiração, menos ofegante, minhas pernas, mais firmes; e me senti melhor.

Quando eu me preparava para levantar, algo surpreendente aconteceu. Uma voz dentro de mim afirmava claramente: "Você não está só. Nós estamos aqui!"

Um pouco hesitante e atônita, me levantei e comecei a andar. Aquela voz forte e decidida continuou repetindo, num crescendo, em meus ouvidos e coração: "Nós estamos aqui! Nós estamos aqui!"

Quando dei por mim, era como se um batalhão estivesse marchando comigo e cantando a mesma toada: "Nós estamos aqui! Nós estamos aqui!"

De repente, toda a paisagem se transformou. O dia estava mais claro, o sol, mais brilhante, as pessoas, mais felizes, e eu, que há pouco me sentia minúscula e temerosa, me vi internamente acompanhada por uma milícia celeste.

Andei naquela manhã pela praia de Ipanema até a minha casa no Leblon, sorrindo de alegria e agradecendo aos céus!

E com a certeza de que uma multidão de anjos marchava comigo sob a liderança de São Miguel Arcanjo.

Ao escrever este texto, ainda posso experimentar a mesma sensação de paz e segurança que ele me proporcionara.

A partir deste episódio, aprendi que não podemos nos mobilizar para ajudar o outro com um olhar superior ou excludente. São atitudes como essas que nos colocam à disposição das investidas negativas.

Devemos trabalhar muito a nossa humildade antes de nos voltarmos para quem precisa de nós. É uma via de mão dupla.

Nossa alma necessita estar em sintonia com o que temos de melhor quando quisermos nos doar de verdade. Só assim seremos reconhecidos pelo justo valor de nossos atos.

E nossas terrenas certezas não são nenhuma garantia de que não seremos arrastados para esse mundo desolador se não agirmos de acordo com a Luz.

P.S.: Foi uma decisão bem difícil escrever este episódio. Relutei muito. Sei que pode soar bem estranho, mas foi tão real e tão único que não poderia negar isso a você, que me lê em meus momentos mais íntimos. Eu tinha decidido não colocá-lo no livro, mas minha editora Martha achou o texto sobre São Miguel imprescindível. Reli e concordei com ela. Somente você, leitor, poderá me dizer se ela tinha razão.

O Ponto de Eternidade

Outro dia, na terapia, falamos sobre o Ponto de Eternidade.

Fisicamente, é o lugar que fica na parte superior do nosso tronco, entre os nossos seios, bem acima do osso esterno. E se você tocar nele agora, vai sentir uma espécie de sensação dolorida.

Faça a experiência e você vai entender o que estou falando.

Tente encontrar esse ponto massageando o seu osso em sentido ascendente... Sim, é verdade, dói um pouquinho.

Quanto mais lotado de sentimentos conflitantes ou tristes, mais você vai senti-lo. É como um termômetro de sua angústia e frustração...

Durante a sessão de acupuntura, já fui agulhada várias vezes nesse ponto, depois de passar por momentos de muito estresse... E me lembro das lágrimas escorrendo pelos cantos de meus olhos.

Era um desmanchar de emoções com muito alívio... Um levar embora as tristezas, as dificuldades, os "lixos" emocionais...

Enfim, você pode enumerar o que te faz sofrer que esse ponto do seu corpo vai responder.

Mas, dessa vez, o ponto tinha outra conotação.

Seria o lugar onde abriríamos a nossa luz crística, nossa relação com o Divino.

Um divisor de território no cenário energético de nosso corpo.

Para a filosofia budista, é onde fica o chacra do coração.

Normalmente, no decorrer da vida, devemos ficar mais "sábios".

E a qualidade de nossa energia vai sendo depurada até chegar ali. Subindo pelo cóccix – que significa a relação com nossos instintos mais primários – até o topo de nossa cabeça, onde somente os verdadeiros mestres alcançam a iluminação.

Nunca pensei que um ponto em nosso corpo físico pudesse nos remeter ao mundo etéreo.

Mas, segundo muitas tradições espiritualistas, é nesse lugar que nos comunicamos com o invisível.

É ali que encontramos o Onipotente.

Você pode pensar que tudo isso é apenas uma ilusão ou que faz parte de uma tradição que não tem nada a ver com nossas angústias modernas.

Ledo engano. Esse ponto é real e está embutido em você desde o seu nascimento.

Você pode negá-lo, ignorá-lo ou mesmo passar batido sobre esse assunto. Não vai adiantar. Ele continuará ali.

Como uma lembrança de que você é corpo e alma, e que precisa trabalhar muito – e sempre – para desabrochar a sua conexão com Deus.

Verão em Roma

Andei pelas igrejas em Roma e não vi o papa.

Era o mês de julho de 2009, alto verão.

Muito calor, muita gente na rua, excursões e mais excursões, e eu andando sozinha pelas ruas e praças e entrando em igrejas quase esquecidas, aquelas que não fazem parte do roteiro turístico.

Eu rezava em todas elas. Acendia velas e pedia a Deus proteção.

Proteção para mim, para aqueles que eu amava.

Preferia não almoçar. Aliás, meu almoço era um *gelato*, sempre o mesmo, chocolate amargo e *pistacchio*, cada vez de uma *gelateria* diferente.

E eu andava pelas ruas sozinha e visitava igrejas.

Acho que foram cinco por dia, talvez menos, talvez mais, não me importava.

E era sempre o mesmo ritual.

Eu saía de manhã do hotel e procurava uma igreja. Entrava e conversava com Deus.

Minha sensação era de que em cada templo eu estava visitando um amigo querido.

As pinturas e as imagens dos santos me murmuravam em seus silêncios que eu não estava só.

Eu andava e parava em frente a cada uma delas.

Santa Rita, Santa Clara, Santa Rosa, São Miguel Arcanjo... E só de olhar para eles já me sentia amparada...

Eram companheiros que eu encontrava todos os dias, habitantes quase solitários dessas igrejas imponentes, antigas e praticamente desertas em uma Roma fervilhante.

Era ali, na penumbra, que eu me sentia acolhida e protegida daquele mundo lá fora.

Este é o meu lugar, eu pensava, ao olhar para os olhos brancos das imagens, este mundo de paz, de conciliação...

Eu me vejo sozinha sentada nos bancos dessas igrejas escutando o silêncio dos anjos.

Naquele verão europeu de 2009, foi assim que me fortaleci, me preparei para o que desse e viesse. E, seja por milagre ou bênção divina, agradeço a todos aqueles momentos de intimidade, pois naqueles dias me senti bem mais perto do céu.

Insônia

Hoje tive uma noite difícil. Não consegui dormir pensando nos caminhos da vida. Muitas vezes nem percebemos o quanto ficamos reféns das nossas inseguranças e de como os detalhes de nosso dia a dia podem nos deixar tão titubeantes e fracos. Esta noite foi um ponto em branco, sem maiores significados. Vi TV e deixei o tempo passar. Imagens e mais imagens surgiram em minha frente, revi o que já conhecia e isso só me interessou, na medida em que contribuía para a passagem das horas. E assim fiquei até que fui tomada por aquele torpor abençoado que nos leva a um outro plano e nos perdoa de todos os pecados da alma e da carne. O sono. Paraíso dos justos e dos tolos, que adormecem premiados pela simplicidade de suas existências, sem grandes galopes ou angústias. Viram para o lado, adormecem e deixam a vida passar, como um rio que sempre caminha para o mar.

Um sinal

Depois daquele verão em 2009, em Roma, a viagem àquela cidade se tornou obrigatória para minhas filhas e eu.

Mas, em 2009, além de toda minha peregrinação pelas igrejas, também fui "apresentada" a Santa Rosa de Viterbo por um motorista romano.

Ele até imprimiu a história da santa, para que eu pudesse conhecê-la melhor.

Eu queria muito ir a Assis, pois São Francisco – que nasceu em 26 de novembro de 1182 e faleceu em 4 de outubro de 1226 – sempre me fascinou.

E, por coincidências que não sei explicar, dei às minhas três filhas nomes de santas: Santa Rita, Santa Clara e Santa Rosa.

As três viveram perto de Assis.

Santa Clara nasceu em 16 de julho de 1194 e morreu em 11 de agosto de 1253.

Santa Rosa nasceu em 1234 ou 1235 e morreu em 6 de março de 1252.

Santa Rita nasceu em 1381 e morreu em 22 de maio de 1457.

Quando escolhi esses nomes, não pensei em santas, mas em familiares que tinham existido, minhas antepassadas.

Essa conexão com as santas só veio muito depois, quando comecei a me questionar sobre tudo e todos, depois da morte de minha filhinha Anna Rosa.

Pois bem, resolvi ir a Assis com uma amiga para ver Santa Clara e São Francisco, mas antes passaríamos em Viterbo para conhecer Santa Rosa.

Mas, ao chegar a Viterbo, o motorista italiano se confundiu e tivemos que dar mais uma volta, que nos trouxe ao mesmo lugar, nos atrasando meia hora.

Eu bem que tinha visto a seta indicando a igreja, mas não falei nada na hora pois pensei estar enganada...

Então, voltamos, de novo, ao pé da ladeira da Igreja de Santa Rosa, meio-dia e sol a pino.

A cidade estava deserta, o calor mantinha todos em casa.

Ao adentrar na igreja de Santa Rosa de Viterbo, senti uma profunda emoção.

Não tinha ninguém na rua da pequena cidade e nem na igreja.

A minha amiga, que falava bem italiano, ficou parada perto da entrada.

Fui andando até o local onde se encontrava o corpo de Santa Rosa, preservado naturalmente, dentro de uma urna de vidro.

Ao lado, tinha um livro para as pessoas escreverem o que sentissem vontade.

Desabei a chorar e escrevi uma carta para minha filha Anna Rosa.

Para mim, era como se eu tivesse chegado em casa e ela estivesse ali, esperando por mim.

Pode parecer pura ficção, mas era assim que eu me sentia.

Comecei a andar pela igreja muito emocionada até que minha amiga Celeste veio até mim e disse: "Marcia, tem uma mulher aqui que vai poder nos ajudar. Ela está ali na porta com um ramo de rosas na mão."

Esta minha amiga sabia que eu queria comprar imagens e santinhos, mas a sacristia e o convento estavam fechados por ser hora do almoço.

Compus-me o melhor que pude e fui falar com a mulher. Ela aparentava ter mais de cinquenta anos, com cabelos louros curtos e uma cara bem simpática.

A mulher repetiu para mim a mesma história que havia contado antes para minha amiga.

Que morava em Viterbo e sempre ia à igreja para pedir alguma coisa à santa ou para agradecer alguma graça recebida.

Mas, na noite anterior, pela primeira vez em sua vida, ela tinha sonhado com Santa Rosa!

A santa tinha aparecido em seu sonho com o avental enrolado e, quando o abria, mostrava que ele estava repleto de rosas.

Só para esclarecer: a imagem que simboliza a Santa Rosa é uma jovem de dezoito anos com um avental aberto coberto de rosas.

A mulher, sem entender o sonho, ficou a manhã toda matutando sobre o acontecido, até que, ao meio-dia, resolveu colher as rosas do seu próprio jardim e levar para a santa.

E lá estávamos nós!

Graças à bendita confusão do motorista estávamos as três no mesmo horário na igreja!

Falei que achava que ela tinha ido lá para me ajudar a levar a Santa Rosa para o Rio de Janeiro.

Eu queria comprar as imagens e os santinhos e fazer dela a padroeira da minha ONG, Entre Amigas.

A mulher se dispôs a nos ajudar e deu alguns telefonemas, até que a freirinha que tomava conta de tudo abriu a porta de ferro ao lado da igreja e nos deixou entrar.

Compramos as imagens, as medalhas, os santinhos e até ganhamos óleo santo para os doentes. O tempo foi passando e percebemos que nenhuma de nós tinha se apresentado.

Antes de nos despedirmos, dissemos nossos nomes e perguntamos como ela se chamava: Olímpia, disse ela.

Olímpia... Minha amiga e eu nos entreolhamos com cumplicidade, agradecemos toda a gentileza dela e partimos.

O motorista que assistiu à cena de longe, ao lado do carro estacionado ao pé da ladeira, nos perguntou quem era aquela senhora.

Falamos que ela tinha nos ajudado e que o nome dela era Olímpia. E perguntamos se era um nome comum naquela área.

"Olímpia, claro que não!", rebateu o motorista com veemência.

Em seguida, levantou os braços como se estivesse numa torcida e gritou com alegria: "Olimpíada, Rio 2016, é um sinal!"

São Francisco

Depois de visitar Santa Rosa de Viterbo eu queria conhecer o berço da comunidade franciscana: Assis.

A figura de São Francisco sempre me impressionou.

Um homem à frente de seu tempo, que colocou os valores da Igreja católica em xeque ao fazer a opção pelos pobres e doentes, pelos excluídos, pela natureza e pelos animais.

Enfim, um "homem santo verde".

Ao chegar na entrada da cidade, com aqueles campos verdejantes e suas construções medievais brilhando ao sol, dava para sentir a energia peculiar daquele lugar.

Parecia que tudo tinha ficado parado no tempo...

A cripta onde estão os restos mortais de São Francisco, com alguns bancos para aqueles que querem orar, é um espaço que nos transporta para uma outra dimensão.

Fiquei lá sentada, apenas sentindo o lugar, tentando absorver tudo o que tinha acontecido entre aquelas paredes...

Tenho sempre uma sensação estranha quando estou em lugares santos...

É como se eu estivesse colocando um pé na eternidade.

Mesmo passados mil ou dois mil anos de algum acontecimento que marcou a história do mundo, podemos perceber que a realidade está ali para nos sacudir e mostrar que tudo se passou naquele pedaço de chão.

Para mim é um momento de encantamento, mas também de muita humildade.

Essa sensação de estar "presente" na história já tinha me acontecido em outra ocasião.

Fui passar meu aniversário em Jerusalém, em 2010. Era minha segunda viagem à Terra Santa.

A primeira tinha sido em 1978, logo após o atentado terrorista no aeroporto de Orly, e a situação estava bastante complicada em Israel.

Dava para ver carros bombardeados abandonados perto das estradas quando viajávamos para Cafarnaum ou para o Mar Morto.

Mas, em 2010, a situação era outra e, ao voltar ao Monte das Oliveiras, me senti, de novo, fazendo parte dessa história.

De uma espiritualidade que se mostra concreta ao caminharmos sobre as mesmas pedras e pelos lugares onde Jesus viveu e pregou.

Belém, Nazaré, Jerusalém... Cidades onde tudo se passou, a base de nossa civilização judaico-cristã.

Voltando a Assis, me emocionei muito ao visitar também a basílica de Santa Clara. E ao observar, através do vidro, o traje que a santa usou durante toda sua vida.

Uma túnica muito rústica de crina de cavalo.

Uma roupa rude e pesada que ela mesma confeccionara.

Adorei cada minuto em que lá estive.

Mas somente em 2012, depois de entrevistar Pedro Siqueira para meu programa de TV, foi que decidi voltar a Assis para entrar na Porciúncula.

Seria minha terceira visita a Assis.

Pedro é um advogado da AGU (Advocacia-Geral da União) que tem um dom.

Ele reza o terço desde os dezenove anos, e, através dele, Nossa Senhora manda recados para as pessoas.

Quem já viu Pedro orando e cantando "em línguas" – que é, como afirmam os carismáticos, um dom do Espírito Santo – entende o que estou falando.

Os recados são específicos, com nomes e detalhes que ele não teria como saber.

E onde quer que Pedro reze no Brasil, uma multidão o acompanha.

É comovente.

E a simplicidade com que ele lida com tudo isso é mais impressionante ainda.

Pedro me disse, no intervalo do programa, que eu não podia deixar de visitar essa pequena capela de pedra que São Francisco tinha construído com suas próprias mãos e que fica dentro da basílica de Nossa Senhora dos Anjos, antes de chegar à cidade.

Durante a entrevista, ele revelou que quando esteve em Assis viu o santo ao seu lado.

Mas que São Francisco estava usando uma túnica de outra cor – um cinza meio claro – muito diferente da que ele veste ao ser representado em pinturas sacras.

Ao perguntar ao padre da basílica, ele obteve a explicação.

No início de sua vida religiosa, São Francisco se vestia com os sacos de lixo da época, que eram feitos com uma espécie de cânhamo cinza.

Minha filha Anna Rita e eu chegamos à Porciúncula no final da tarde.

Não havia muitos fiéis naquela hora.

Tínhamos visitado Viterbo para ver Santa Rosa e fomos a Cássia para contemplar Santa Rita. Assis seria nossa última parada.

Chovia muito e a basílica em Cássia, no alto da montanha, estava quase deserta naquela tarde de dezembro.

Vimos o corpo preservado de Santa Rita dentro de uma urna de vidro.

Rezamos.

É sempre muito impactante ver as santas em seus túmulos transparentes, nos chamando à realidade de que elas eram de carne e osso, sim.

E que estiveram aqui, como todos nós.

Mas fizeram uma grande diferença com sua passagem por esse mundo.

Ao sairmos da igreja, nosso motorista de sempre disse que estava muito preocupado, pois começava a nevar.

Ele se justificou dizendo que a previsão do tempo não tinha alertado sobre esse tipo de complicação e que ele não havia trazido as correntes para colocar nos pneus, em caso de neve.

Portanto, nossa visita a Assis estava a ponto de não acontecer.

"Temos que descer a montanha e atravessar um grande túnel, que é o caminho para Assis. Se, ao sairmos do túnel, também estiver nevando, o que é o mais provável, vamos ter que voltar. Seria muito perigoso viajarmos à noite sem as correntes nos pneus", disse ele com uma voz pesarosa, pois podia ver o nosso desapontamento.

Fiquei desolada. Eu já tinha feito a mesma viagem com minha filha Anna Clara, agora era a vez da Anna Rita.

Essas viagens eram como uma iniciação sagrada para minhas filhas e para mim...

Descemos a montanha e começamos a atravessar o túnel que, por sinal, era enorme, parecia não ter fim.

Resolvi deixar tudo nas mãos de Deus.

Pedi também a São Francisco que nos desse a oportunidade de visitá-lo nessa viagem.

Os minutos pareciam bem longos e o motorista já tinha se desculpado umas três vezes por não ter levado as correntes de neve, quando, finalmente, saímos do túnel.

E, por incrível que pareça, o sol brilhava!

O motorista se mostrou bastante surpreso com a mudança radical do clima...

Entramos no túnel debaixo de uma nevasca e, quando saímos, encontramos um céu de brigadeiro.

Ao chegarmos a Porciúncula, pudemos entender a insistência de Pedro.

A pequena capela de pedra é plena de força e simplicidade.

Uma construção que representa claramente o coração generoso e amoroso de São Francisco. Um coração que amava as coisas simples e reais.

E que precisamos aprender como ele a acolher em nossa alma.

As batatas

Como é que devemos lidar com o sucesso? E com o fracasso? Todos esses momentos preenchem a nossa vida como um copo d'água. Meio vazio, meio cheio, são as duas faces de um posicionamento na vida. Venci, fracassei... Será que é uma questão de destino, herança mental ou genética fazer da vida esse resumo final? Quantos de nós poderão bradar "vim, vi e venci" sem se perder na caminhada, sem deixar caídos seus pedaços de alma? Quantos arrastam suas mazelas como um saco furado mas nem por isso menos leve? Ah, o fardo da vitória! Ah, o fardo da derrota! Quantas batatas cabem dentro dele?

Amor Fati

"Uma das coisas mais importantes para mim é o conceito dos latinos, retomado por Nietzsche, sobre o 'Amor Fati'", me disse uma amiga especialista em Jin Shin Jyutsu, técnica japonesa de reposição de energia. Filósofa e terapeuta, ela vive viajando pelos quatro cantos do mundo, atendendo a clientes e também se dedicando a ensinar essa prática em comunidades distantes e carentes, como na periferia do Cairo, no Egito.

Mas, o que é o Amor Fati?

Em latim, significa literalmente: "amor ao destino" ou "amor à realidade, nua e crua". Segundo o filósofo alemão, "é nada querer de diferente, seja no passado, seja no futuro, seja em toda a eternidade".

O que ele quer dizer é que devemos amar a vida que tivemos, integralmente.

Não podemos apenas gostar dos momentos felizes e descartar o que nos magoou ou entristeceu.

Para cumprirmos o nosso papel e chegarmos à maturidade, necessitamos mais do que suportar e sobreviver às experiências que passamos.

Isso não é o suficiente.

Para sermos donos do nosso caminho, precisamos amar o nosso destino.

Pode parecer algo fácil de se dizer, mas, na verdade, é muito complexo e difícil de pôr em prática.

Segundo Nietzsche, qualquer negação da nossa realidade – seja ela direta ou oculta – é uma negação de quem somos.

Para ele, está bem nítido que "precisamos estar à altura do que nos acontece".

Nunca tinha me deparado com esse conceito de Nietzsche. Conceito, aliás, que Freud formula à sua maneira, quando fala do "princípio de realidade" que entra em conflito com o "princípio do desejo".

Para mim, o filósofo alemão fazia parte de meus estudos nos tempos da faculdade, mas jamais tinha entrado na minha vida.

Não até aquele momento.

Percebi como é verdadeiro esse conceito de amar a vida que tivemos, seja ela cheia de experiências felizes ou não.

A trama da vida não pode ter somente fios coloridos, precisa de cores mais densas para que sejamos reais e não seres inventados, sem consistência, sem compaixão.

Por muitos anos, sofri com minhas perdas e algumas experiências que me machucaram a alma, o orgulho, a autoestima e a imagem que eu havia feito de mim mesma.

Quem não sofre ao se ver desnudado diante de si?

Nessa hora, não somos belos nem fortes, nem feios nem jovens, somos o que somos.

As marcas do corpo refletem a alma, mostram um ser pulsante e que nenhuma experiência foi em vão.

Hoje em dia agradeço a Deus por tudo o que vivi.

Pelas alegrias e conquistas, mas também por tudo o que chorei e pelo que me fez tremer diante das incertezas da vida.

Essas experiências me fizeram. Eu sou essas experiências.

Ao escrever este texto, realizo a figura que se construiu dentro de mim e me sinto em paz.

E posso olhar para trás e dizer, sinceramente, que amo o meu destino.

Demais.

Maria Madalena

Nunca pensei muito em Maria Madalena.

Nunca me detive na história dessa mulher que foi tão injustamente retratada no Novo Testamento.

Por séculos, ela foi descrita como uma prostituta arrependida.

Salva do pecado após encontrar o Mestre Jesus.

Não. Nunca me toquei nem me aprofundei nesta personagem tão distante de mim...

Mas, por um desses caminhos cruzados que a vida nos leva, fui parar em Saint-Maximin, depois de uma visita a Avignon, na França.

Por sugestão de nossa guia, eu e minha amiga Titina decidimos que queríamos ir à igreja que, segundo a tradição católica, tinha as relíquias da santa.

O papa Bento XVI já havia escrito um livro explicando que Maria Madalena nunca fora uma prostituta. E que tudo não passava de uma confusão que acontecera na Idade Média, em que três mulheres com nome de Maria haviam se transformado em apenas uma, a Madalena.

Apesar de descrita desde o início da religião católica como uma "mulher da vida", Maria Madalena recebeu as maiores homenagens na França, onde é patrona de diversas profissões.

E, especialmente na região da Provença, onde teria vivido em recolhimento por mais de vinte anos em uma gruta, após a morte de Jesus.

Maria Madalena é a figura central da basílica de Saint-Maximin.

Foram duas horas de carro do nosso hotel para chegarmos à igreja que, como sempre, pelo menos nas minhas visitas, estava praticamente vazia.

O motorista do carro explicou que durante o final de semana havia mais movimento, mas na segunda as lojas da pequena cidade estavam quase todas fechadas.

Na porta da basílica apenas um ônibus. Era quase meio-dia.

Entramos e vimos que acontecia uma missa em italiano para peregrinos, não mais de quarenta pessoas, que estavam indo para Lourdes.

Chegamos a tempo da comunhão e nos misturamos ao grupo.

Eles cantaram e foi singelo e tocante participar daquele momento de fé.

Assim que a missa acabou, todos foram embora e minha amiga e eu começamos a andar pela igreja para procurar a cripta da Santa Maria Madalena.

Antes, admiramos o altar-mor com duas pinturas da santa, que tinha uma grande nuvem dourada no meio. Do lado esquerdo, Maria Madalena aparecia como libertina e, do lado direito, como santa.

Continuamos andando e não havia ninguém para nos dar alguma informação até que vimos a porta da sacristia entreaberta e um jovem padre.

Pedi licença em francês e indaguei se ele poderia nos dar algumas informações. Para nossa surpresa, ele nos respondeu em inglês dizendo que era irlandês.

E que era também um padre visitante com a missão de difundir a Adoração ao Santíssimo, aquela hóstia grande que geralmente fica dentro de um ostensório dourado.

Seu pequeno grupo, nos contou, tinha vindo da Austrália para peregrinar pela Provença.

Em seguida, perguntou se sabíamos a história do lugar.

Dissemos que não tínhamos a menor ideia de como Maria Madalena tinha ido parar ali.

Ele explicou que, depois da morte de Jesus, um grupo ligado ao Messias tinha sido colocado num barco sem velas para morrer no mar.

Seriam pessoas de uma classe mais abastada e que, por isso, não tinham sido mortos como outros seguidores de Cristo.

Entre eles estariam Maria Madalena, Maria Salomé e outra Maria, mãe de um apóstolo...

Depois do breve relato, ele nos convidou para visitarmos a capela ao lado de onde estava sendo feita a Adoração ao Santíssimo.

E apontou para uma pequena escada, do outro lado da igreja, onde ficava a cripta com as relíquias de Maria Madalena.

Entramos na capela, rezamos por alguns minutos e fomos para a cripta.

Confesso que eu estava emocionada.

Sempre me sinto assim quando entro em um lugar de oração.

Acho que o sentimento que descreve melhor o que se passa dentro de mim é o da contrição.

Aprendi que podemos nos sentir assim nos meus muitos anos de estudo em colégio de freira, o Sacré Coeur de Jesus.

Mas, ao descer até aquela cripta, eu não podia imaginar o que aconteceria comigo.

Não sei explicar, racionalmente, o que se passou.

A verdade é que fui tomada, literalmente, por uma emoção avassaladora e sem nenhuma lógica.

Chorei tanto que meus óculos ficaram marejados das lágrimas que pulavam dos meus olhos e me deixavam sem visão e muito confusa.

Um lado do meu cérebro me questionava o tempo todo.

O que está acontecendo? Por que você está chorando assim, se debulhando em lágrimas?

E por aí adiante...

Eu não conseguia parar de chorar.

Na minha frente, fincado na rocha, estava o crânio de Maria Madalena com um véu de bronze emoldurando seu rosto.

Logo abaixo, um relicário com o que seria parte da pele da testa da santa.

Mas, e eu? Minha cabeça não conseguia entender...

Virei para o meu lado direito e comecei a ler a oração dedicada a Santa Maria Madalena, que estava pregada no vidro de segurança que separa as relíquias dos peregrinos.

Enquanto eu lia com uma voz sussurrante, as lágrimas escorriam pelo meu rosto.

Minha amiga estava atrás de mim e eu não sabia se ela estava percebendo o turbilhão de emoções que eu estava vivendo.

De repente eu a ouço cumprimentar uma pessoa: "Bonjour!"

Fiquei me sentindo uma tola e muito envergonhada.

E agora? Como você vai sair daqui com essa cara de drama?, minha mente me questionou, rispidamente.

Limpei os óculos com os dedos, me dirigi para a escada e falei baixinho para irmos embora.

Antes de subir, notei que um padre bem jovem estava sentado nos primeiros degraus da escada, rezando.

Quando eu já estava fora da cripta, minha amiga me chama lá de dentro e pede para eu voltar. "Vamos ficar mais um pouco aqui, tem até um padre sentado..."

Neste momento, o padre se vira para mim e faz sinal para eu descer e sentar no degrau abaixo, ao lado de minha amiga.

Instintivamente obedeci.

Ele colocou a mão no meu ombro esquerdo e começou a rezar.

Depois colocou a mão entre minhas omoplatas e continuou rezando.

Eu só ouvia o murmúrio das orações e sentia a mão dele pousada em minhas costas emanando muito calor.

Ficamos assim uns quinze minutos, até que as orações pararam.

Durante todo aquele tempo, eu chorava de emoção, mas minha mente não me deixava em paz. Me questionava o tempo todo exigindo uma explicação para algo inexplicável.

Me virei para o jovem padre – que não deveria ter mais de trinta anos, com o rosto redondo, barba bem curtinha e bochechas rosadas de querubim – e perguntei direto: "Por que você rezou para mim?"

Ele me respondeu: "Podemos falar em inglês?"

"Claro", confirmei.

"Por que você tem tanto medo?", ele me questionou. "Você não precisa ter medo. Está tudo certo com você."

E continuou:

"Eu estava saindo da igreja quando uma voz me disse para voltar e entrar na cripta. Quando cheguei aqui e vi vocês duas, senti que o foco da minha oração era você. Eu vim aqui para lhe dar um recado de Deus. Ele quer que você saiba que está tudo bem. E você também precisa saber que foi tocada por Maria Madalena. Ela lhe concedeu uma graça."

Fiquei muito perplexa. Como absorver tudo aquilo?!

Falei que não estava entendendo bem o significado do que ele estava me dizendo...

Como assim, uma graça?! O que isso queria dizer?!

Ele me respondeu que eu iria saber quando acontecesse.

Que podia ser tanto na minha vida pessoal como na profissional...

Nós nos levantamos e ele continuou falando que era para eu ficar bem, que estava tudo bem, e que eu tinha recebido uma graça...

Minha amiga, que estava do meu lado, presenciou tudo em silêncio.

Ele perguntou os nossos nomes e disse que se chamava Declan.

Explicou que fazia parte do grupo de Adoração ao Santíssimo e que queria manter contato comigo, se eu podia dar o meu e-mail.

Entreguei o cartão da minha ONG, Entre Amigas, e ele disse que ia escrever para saber notícias minhas.

Começaram a chegar peregrinos na cripta e decidimos sair de lá.

Nós nos despedimos do padre, mas tanto minha amiga quanto eu estávamos meio aturdidas com a situação.

Tínhamos mesmo vivido aquela experiência? Por que esse padre sentou ali? Por que ele rezou sobre mim? E qual graça seria essa de Maria Madalena?

Fizemos mil suposições...

Será que o outro padre falou que nós estaríamos lá? Mas com qual objetivo? E por que ele me falaria aquelas coisas?

Na volta ao hotel, padre Declan me escreveu um e-mail.

Queria saber se eu estava bem, reafirmou tudo o que havia dito na cripta e fez questão de confirmar que iria rezar pela minha amiga e por mim.

Quando cheguei de volta ao Rio, fiz uma pesquisa sobre Maria Madalena para saber mais sobre sua história.

Existem várias versões.

Aquelas que negam tudo o que está documentado em inúmeras igrejas na *Provence*.

Que a história do barco sem velas nunca existiu e que nenhuma "Maria" foi parar naquelas bandas...

E tudo que está lá existiria somente por causa da fé daqueles que creem.

Para mim, que senti a avalanche de emoções que me tomou por completo, sem nenhuma explicação racional, ficou claro que estive diante de uma "presença".

E serei eternamente grata por tudo o que vivi naqueles momentos.

Carrego comigo a certeza de que essa graça foi a abertura para que eu pudesse voltar a viver, de novo, nas palavras.

Sinto a presença de Maria Madalena em tudo o que escrevi desde que voltei da *Provence*.

Agradeço a emanação de sua força. E a profunda impressão que ela imprimiu em meu espírito.

A coragem que ela me infundiu para que eu pudesse me abrir, em todas as dimensões, como faço agora.

E reconheço em sua sabedoria de mestra a sinceridade e a motivação que me levaram a fazer este livro.

Espelho

Existe uma premência, uma urgência, uma veemência – escondida ou aparente – em todo ser humano. Uma vontade de chegar ao seu melhor, de ser o que se projetou e o que se acreditava ser.

Não viemos aqui apenas para gastar os anos e puir a mente sem dar o nosso testemunho de vida. Seja na fé ou na ética, temos dentro de nós convicções e certezas que nos fazem ir em frente, mesmo quando todas as dúvidas do existir nos assolam.

Nossa estatura pode ser mediana, mas penso que em cada um de nós habita um gigante. Uma vez li uma frase que dizia: "Devemos olhar por cima dos ombros dos gigantes." Não lembro quem a escreveu...

Para mim significa que, apesar de ridiculamente pequenos, se mirarmos certo, não importará de onde viemos, nem quem fomos.

Podemos nascer enormes em nossas expectativas e nos achatarmos com a idade até ficarmos finos que nem uma folha de papel. Nossa densidade como pessoa não deve ser a medida de nossos ossos. Não há cálcio suficiente que alongue nossa existência e que nos faça transcender se não adotarmos outras práticas em nossa vida. Medimos o exato tamanho que a nossa energia e o nosso sentimento despertam em quem está à nossa volta.

Somos o reflexo do que emitimos. Espelho infinito e sem volta.

Músicas de recolhimento e cura

A música fez parte do meu processo curativo e de autoconhecimento.

Acredito que devemos ouvir música, nas várias fases de nossa vida, que possam nos ajudar a descobrir um novo caminho a seguir.

Passei pelas músicas de meditação oriental, sons e melodias tribais dos índios norte-americanos, do budismo, das músicas sacras, clássicas e modernas.

Foram as músicas que elevaram meu espírito e me ajudaram a entrar em contato com o meu eu profundo.

Gostaria de dividir essa discografia com vocês.

O CD *Sacred Arias*, de Andrea Bocelli, por exemplo, foi um refúgio maravilhoso em meus momentos de recolhimento, com uma belíssima seleção de versões da música "Ave Maria".

Encontrei "Singing in the presence of God", de Robert and Robin Kochis; "Be not afraid", de David Phillips, e "The priests" na lojinha da igreja de Saint Patrick, em Nova York. Adoro ouvir esses CDs enquanto estou me arrumando para alguma gravação ou antes de alguma reunião de trabalho. Eles me mantém serena e, ao mesmo tempo, com o espírito alegre.

Muito especial para mim é o CD da Clara Magalhães e do Coral da Catequese. Gosto de ouvir na casa inteira. Ele faz bem à alma e fortalece o meu espírito.

Em tempos de meditação, encontrei alguns CDs dos índios norte-americanos quando fui a Santa Fé, no Novo México, nos EUA. Com elementos de transcendência ligados à natureza, eles me fizeram viajar por pradarias e montanhas. São eles "The Healing Flute", de Alice Gomez, e "Dreamscape", da Condor Records.

Entre os cânticos budistas, "Laize", de Aurio Corrá, é uma joia rara. Suas músicas nos transportam a uma realidade sutil com um toque de modernidade.

Os CDs a seguir também fizeram parte do meu roteiro pessoal. Espero que você também os aprecie.

Chantons en Eglise – *Les plus beaux chants pour Célèbrer Marie* – Studio SM

Marian Grace – *Ancient Hymns and Chants* – Mysterium Records

Pierre Bardon – *Grandes Orgues de la Basilique du Couvent Royal de Saint-Maximin*

Chants a la Vierge – *Coeur de Notre-Dame de Garaison*

Anthologie – *Chant gregorien et polyphonie*

Filhos e Filhas da Preciosa Vida – *Meu Perfeito Senhor*

Koinonia Comunhão de fiéis – Rádio Catedral FM

Oriental Wisdom II – Real Music

Rituel Taoiste – Cinq Mondes Soin de SPA

Mantras de Tomaz Lima – *Homem de Bem*

Leituras que confortam

Durante anos, quando a noite caía e eu não conseguia pegar no sono, além das músicas, os livros me acalmavam e me faziam sentir que eu não estava só.

Domavam minhas preocupações e preenchiam um barulho existencial que necessitava de silêncio e outros mundos.

Li tudo que pudesse me dar conforto espiritual e equilíbrio psicológico.

Eu precisava de ideias, pensamentos, filosofias e crenças que me ajudassem a entender melhor a vida.

E carregava sempre comigo a minha Bíblia.

Entre os exercícios espirituais que me propus, e que recomendo, coloco a leitura dos Salmos.

Durante várias noites seguidas eu os lia em voz alta. Podia ser um ou dois, às vezes mais.

O importante era seguir o fluxo daqueles pensamentos e louvores e penetrar nas emoções que estão ali com todos os seus matizes.

O amor, o ódio, a generosidade, a cobiça, o medo, a entrega...

Enfim, todo o drama humano em versos que calam fundo na alma.

Tal prática me fez um bem enorme.

Depois disso, memorizei o Salmo 22, "O Senhor é meu pastor", um salmo que nos dá a certeza de que, no fim, tudo dará certo.

Também aprendi a ler nos momentos mais difíceis, o Salmo 90, "Confiança". Puro poder.

E, nos momentos mais angustiantes, os Salmos 114 e 115, "Libertação de um perigo de morte".

Também me propus a conhecer melhor os Evangelhos.

Queria entender o que escreveu cada evangelista numa perspectiva da linha do tempo.

Ainda estou nesta caminhada...

Os livros abaixo foram bons companheiros de jornada.

Espero que alguns deles possam fazer parte do seu caminho também.

Autobiografia de um iogue – Paramahansa Yogananda (Self-Realization Fel, 2008)

A eterna busca do homem – Paramahansa Yogananda (Self-Realization Fel, 2007)

A Bíblia: Um diário de leitura – Luiz Paulo Horta (Zahar, 2011)

O poder milagroso dos salmos – Luz Stella Rozo (Pensamento, 2004)

A identidade secreta de Maria Madalena – P. Filho, Jomar F. (Editora Ísis, 2009)

Nada te perturbe – Teresa d'Ávila (Verus Editora, 2000)

O rosto materno de Deus – Leonardo Boff (Vozes, 2012)

A oração de São Francisco: uma mensagem de paz para o mundo atual – Leonardo Boff (Vozes, 2009)

Saber cuidar. Ética do Humano. Compaixão pela terra – Leonardo Boff (Vozes, 2004)

Exercícios d'alma: a cabala como sabedoria – rabino Nilton Bonder (Rocco, 2010)

Tirando os sapatos – rabino Nilton Bonder (Rocco, 2008)

A arte da felicidade – Dalai Lama (Martins Editora, 2003)

Amor, verdade, felicidade – Dalai Lama XI (Record, 2006)

Governe seu mundo – Sakyong Mipham (Martins Fontes, 2008)

O físico, o xamã e o místico – Patrick Drouot, com uma introdução de Leonardo Boff (Nova Era, 1999)

Cura espiritual e imortalidade – Patrick Drouot (Nova Era, 1996)

Uma breve história do cristianismo – Geoffrey Blainey (Fundamento, 2012)

A Deusa interior – Jennifer Barker Woolger e Roger J. Woolger (Cultrix, 2007)

Os mensageiros – Julia Ingram e G. W. Hardin (Sextante, 1998)

Cada pessoa tem um anjo – Anselm Grün (Vozes, 2000)

Na presença dos anjos – Robert C. Smith (Pensamento, 1998)

Meditando com os anjos – Sofia Cafe (Pensamento, 1996)

Os anjos existem – Maria Pia Giudici (Loyola, 1995)

Basta uma palavra – Padre Antônio José (Pcad, 2004)

Instruções de Maria – Annie e Byron Kirkwood (Nova Era, 2000)

Os segredos do Pai-Nosso – Augusto Cury (Sextante, 2006)

A voz silenciosa – White Eagle (Pensamento, 1991)

A sabedoria dos jesuítas para (quase) tudo – Padre James Martin (Sextante, 2012)

Deus: pequeno manual de instruções para a vida Volume II – Brown Jr. e H. Jackson (Ediouro, 1996)

O livro das orações – Juliet Mabey (PubliFolha, 2002)

Bata à porta e ela se abrirá – Jeffrey A. Wands (Prumo, 2008)

Orações de poder – Maisa Castro (Raboni, 2008)

Pense bem: ideias para reinventar a vida – Manoel Thomaz Carneiro (Casa da Palavra, 2013)

Como acreditar em Deus – Clark Strand (Prumo, 2009)

A essencial arte de parar – Dr. David Kundtz (Sextante, 1999)

Uma arte de cuidar – Jean-Yves Leloup (Vozes, 2007)

O universo feminino – Eneida Lima

Entrega-te a Deus – Divaldo Franco (Intervidas, 2010)

Senhora das águas – Pedro Siqueira (Prata, 2011)

Kuan Yin, A deusa dos milagres – Anngela Marcondes Jabor (Mystic Editora, 2006)

The psychic in you – Jeffrey A. Wands e Tom Philbin (Pocket Books, 2004)

Healing with the Angels – Doreen Virtue (Hay House Inc, 1999)

Illuminated Prayers – Marianne Williamson (Simon & Schuster, 1997)

Blink – Malcolm Gladwell (LB Books, 2006)

Carta aos leitores

Entrego este livro a vocês, leitores, de peito aberto.

Aí está o meu visível e o meu invisível.

Até o credo cristão diz que Deus é o Criador das coisas visíveis e invisíveis. Ambas coexistem em nós.

Confesso que precisei de uma boa dose de coragem e de fé para abrir esses dois lados da minha vida. Ela está aí inteira, sem meias verdades, com suas luzes e sombras.

O invisível faz parte do visível e o visível é parte do invisível. Nossa realidade é uma trama desses dois mundos.

Não podemos nos apequenar com medo do julgamento nem nos limitar em ver apenas uma parte desta realidade, seja o visível, seja o invisível.

Devemos manter os olhos bem abertos e permitir, em nosso âmago, que essas duas realidades se integrem em nossa vida.

No mundo moderno, onde predomina a cultura do visível, existe a dificuldade de se entender, e até aceitar, o invisível. Mas ele existe, se faz presente, atua e podemos vivenciá-lo.

Ele representa a parte mais mágica e surpreendente de nossa realidade.

Por isso, não temam o invisível!

Deixem que ele se torne visível. Dessa maneira, você vai poder se sentir mais completo, mais inteiro.

Quantos segredos e mistérios poderão se manifestar ou se tornar compreensíveis, a partir daí?

Mesmo que permaneçam mistérios secretos para sempre...

É isso que torna a vida fascinante, sempre antiga e sempre nova.

Aliás, "a vida não é jovem, nem velha, nem material, nem espiritual. A vida é eterna. Passa por nós e nos leva aos umbrais da Eternidade", segundo as palavras de meu querido amigo Leonardo Boff.

Agradeço a todos que me ajudaram nesta caminhada e, em especial, ao Espírito Criador, que me fez compreender a nossa existência desta forma.

Abram-se inteiros à vida, esquadrinhem todas as possibilidades!

Vamos reconhecer a grandiosidade de estarmos vivos, da eternidade ser nossa companheira e o universo permanecer um silencioso aliado em nossa história.

Agradecimentos especiais

Ao meu marido Carlos Arthur Nuzman pelo seu amor e apoio incondicionais, o primeiro leitor deste livro.

À minha editora Martha Ribas que desde o primeiro instante acreditou nesta obra e, com seu entusiasmo, encantou meu coração.

Ao amigo e teólogo Leonardo Boff pelo seu generoso prefácio e a revisão atenta do meu livro.

Aos médicos, terapeutas e professores que cuidaram do meu corpo, da minha mente e do meu espírito:

Miria de Amorim, Eneida Lima, Rosa Célia, Fabio Cuiabano, Maurício Vaisman, Tais Schebela, Marcia Moulin, Silvia Vasconcelos, Denise Cavalcanti, Renata Bertrand, Dulce Pessoa, Sheila Quintaneiro, Anne Marie, Edson Bernd, Jean Marie Dubrul e Patrick Drouot.

A minha secretária Teresa Lopes, fiel companheira de tantos anos.

À minha enteada Larissa Nuzman por fazer parte da minha vida.

Às amigas citadas no livro e que dividiram comigo momentos especiais:

Titina Lowndes Wellington, Victoria Roberts, Joy Garrido, Maria Celeste Pedrosa e Clara Magalhães.

Aos santos e santas que me acompanham nesta jornada do invisível e ao Espírito Criador por me conceder a graça de existir.

1ª edição	*abril de 2014*
impressão	*City Gráfica*
papel de miolo	*Lux Cream 70g/m²*
papel de capa	*Cartão Supremo 250g/m²*
tipografia	*Book Antiqua*